《〈KINDAI NO CHOUKOKU〉RON》
© Kuniko Hiromatsu 2025
All rights reserved.
Original Japanese edition published by KODANSHA LTD.
Publication rights for Simplified Chinese character edition arranged with KODANSHA LTD.
through KODANSHA BEIJING CULTURE CO., LTD. Beijing, China.
本书由日本讲谈社正式授权，版权所有，未经书面同意，不得以任何方式做全面或局部翻印、仿制或转载。

20世纪
日本思想

"近代的超克"论

[日]广松涉 著

臧泳帧 译　邓习议 校

生活·讀書·新知 三联书店

Simplified Chinese Copyright © 2025 by SDX Joint Publishing Company.
All Rights Reserved.

本作品简体中文版权由生活·读书·新知三联书店所有。
未经许可，不得翻印。

图书在版编目（CIP）数据

"近代的超克"论 /（日）广松涉著；臧泳帧译. —
北京：生活·读书·新知三联书店，2025.5. — (20世
纪日本思想). — ISBN 978-7-108-07986-2

Ⅰ．B313.5

中国国家版本馆 CIP 数据核字第 2025Q8P897 号

策划编辑　叶　彤
责任编辑　周玖龄
装帧设计　康　健
责任校对　陈　明
责任印制　卢　岳

出版发行　生活·讀書·新知 三联书店
　　　　　（北京市东城区美术馆东街 22 号 100010）
网　　址　www.sdxjpc.com
经　　销　新华书店
印　　刷　河北品睿印刷有限公司
版　　次　2025 年 5 月北京第 1 版
　　　　　2025 年 5 月北京第 1 次印刷
开　　本　880 毫米 × 1230 毫米　1/32　印张 7.75
字　　数　146 千字
印　　数　0,001 - 4,000 册
定　　价　69.00 元

（印装查询：01064002715；邮购查询：01084010542）

"20世纪日本思想"丛书总序

  日本的20世纪，大致涵盖了大正与昭和两个时期（1912—1989），这是经历了明治维新四十年淬炼而走上成熟现代化道路的一个特殊历史单元。然而，1945年的战败给日本带来了深刻的历史断裂，以此为标志，在民族国家乃至思想文化层面仿佛形成了两个"日本"，而无论是推行帝国主义殖民扩张政策最终遭到惨败的日本，还是战后迎来国家社会重建和经济文化高度发展的日本，这一百年的光荣与悲苦，都给东亚乃至世界造成强烈震撼与冲击。然而，至今，我们对这个复杂的近邻日本依然了解不多，特别是对支撑日本民族走过20世纪波澜起伏的历程的深层观念意识和思考逻辑所知甚少。

  1945年的战败造成日本民族国家层面的"断裂"是明显的，其中的确有一个从战前天皇制极端主义国家向战后民主市民社会转变的过程，但是，思想文化层面的情形就复杂得多了。我们大概可以用源自19世纪的一般的种族文明论和20世纪初传入的广义社会主义思想，来分别概括日本战前与战后两个阶段的主流思潮，但实际上两者往往是交叉并进、彼此渗透且前后贯通的，构成了20世纪日本人思考国家民族进路及个人与社会建构的主要依据。种族文明论为民族主义和右翼国家主义提供了理论源泉，社会主义思想则推动了各种左翼进步势力的改革实践。而两种主流思潮交叉对抗又激荡出种种不同的观念学说和思想派别，由此形成了20世纪日本思想的丰富内涵。

能否以这两个主流思潮为线索，将看似"断裂"成两段的20世纪日本的思想学术作为一个整体介绍到中国来，由此加深对这一复杂认识对象的理解呢？这是我们多年前就萌生的一个念头，为了深入了解邻国的同时代历史和精神特性，也为了推动中国日本学和东亚区域研究的发展。众所周知，比起近代日本的中国学仿佛在解剖台上从里到外洞穿观察对象般高质量的精深研究来，现代中国的日本学尚不尽如人意，始终未能形成厚重的学术传统。这当然有种种复杂的历史与现实原因，而对于构成日本民族深层观念与思考逻辑的思想学术文献缺乏系统移译和研究，恐怕是一个重要的原因。况且，如今方兴未艾的区域史研究特别是"东亚论述"，也呼唤着关于日本思想学术的深入系统的研究。

20世纪是一个非常特殊的极端年代。资本主义世界一体化格局的形成，帝国主义征服战争与被压迫民族的反抗和社会革命，导致东亚区域内的各民族在不曾有的程度上被紧紧捆绑在一起，成为矛盾抗争乃至休戚与共的利益攸关方。这是一段你中有我，我中有你，缺少任何一方都无法叙述的历史，思想文化的历史更是如此。而在崭新的区域史和"同时代"视野下，深入开发现代日本的思想资源，也将能深化我们对于自身及与他者关系的认识，由此构筑起区域和平共生的发展愿景。

为此，我们发起这套"20世纪日本思想"丛书的编译计划。丛书以20世纪为限的原因如上所述，主要是考虑发端于明治维新的日本现代思想，到了20世纪才真正有了自己的主体特征和独创内涵，并深刻塑造了日本国民的思想方式和精神构造。因此，我们聚焦20世纪日本人文社会科学中曾产生广泛的思想与社会影响，包括为各学科发展奠定了基础的那些著作，从中精选若干种而汇成这套丛书。在具体编选过程中，我们主要考虑到这样一些原则。第一，从20世纪日本学说史的角度出发，选择具有学术奠基性和理论深度与宽度的著作。而在以历史学、经济学、社会学、政治学、人类学和东洋学六大学科为主体的人文社会科学当中，我们尤其注意人文色彩浓厚而具有思想冲击力的经典著作。第二，在学说史之上我们进而侧重思想史上那些影响广泛、带有观念范式变革和思想论争、文化批判性质的作品，力图由此呈现20世纪日本思想发展的内在逻辑和阶段变化。第三，尤其注重一百年来日本学人积极思考自身与中国乃至东亚关系所取得的重要成果，包括战前对于亚洲主义的构筑和战后于反思基础上形成的新亚洲论述，以及学院内外的战前"支那学"与战后中国学等。第四，也适当选择一些直击社会实际问题、带有纪实和评论性质的作品,它们以直接叩问当下的方式促进观念的转变和意识的更新,同样具有重要的思想史意涵。

  总之,学术经典性、思想史价值、社会影响力是我们做出判断与选择的基本标准。需要说明的是,某些重要的著作由于已有很好的中译本,为避免资源浪费,虽遗憾而不再收录。同时,受限于知识学养,选目容有罅漏,还望学术界方家指正。

赵京华

2021年11月30日于北京

目 录

学术文库版序言 ·· 1

第一章　关于《文学界》杂志座谈会 ····················· 1
　　问题域的路标 ··· 2
　　论题和前提的理解 ······································· 9
　　近代科学的地位 ··· 12
　　天地人三才与无的哲学 ································ 17

第二章　重读高坂正显的理论 ······························ 23
　　欧洲"近代"的位相 ····································· 24
　　人类中心主义与机械的服从 ·························· 27
　　近代人类异化的境况 ··································· 29
　　"近代的超克"与东方"无"的原理 ··················· 33
　　作为桎梏的国体——天皇制 ·························· 35
　　观念论历史哲学的自我封闭 ·························· 38

第三章　《世界史的哲学》与大战的合理化 ············ 41
　　《世界史的哲学》的课题意识 ························ 42

	历史的地理性与"天人合一"……………………………45
	"世界史的世界"与世界大战……………………………50
	"大东亚战争"与"近代的超克"……………………………53
第四章	战时"日本思想"批判的一里程……………………………60
	平野谦的前车之鉴与再出发……………………………61
	"近代的超克"与实践的含意……………………………68
	日本资本主义的跛行性投影……………………………73
第五章	国家总动员体制与历史的狡计……………………………79
	日本右翼与昭和维新的追求……………………………80
	天皇制法西斯的发动轴……………………………85
	第二次维新与军事政权之途……………………………92
	军部独裁与历史理性的狡计……………………………97
第六章	三木清的"时务逻辑"与隘路……………………………103
	对左翼运动的镇压与转向的逻辑……………………………104
	帝国主义战争与国政改革之梦……………………………112
	协同主义的"近代超克论"与哲学……………………………118
第七章	民族主义的"自我欺骗"的绝唱……………………………129
	"世界最终战"与东西对决……………………………130
	"中日协作"与"五族共和"……………………………134
	日本近代史难题的缩影……………………………139
	民族主义的傲慢与欺骗的深层……………………………143

第八章　绝望的余焰与浪漫主义的自省·················149
　　转向文学的分支与日本浪漫派·····················150
　　文明开化逻辑的终结与新生·······················159
　　日本古典文艺与近代性之维·······················164

第九章　京都学派与世界史的统一理念···············170
　　西田几多郎与西方哲学之工具·····················171
　　文化的本土因素与皇道史观·······················179
　　三木清与扬弃东西文化的理念·····················184

第十章　哲理与现实之间中介的挫折·················194
　　"近代的超克"座谈会的实像······················195
　　论题的设定与资本主义的问题·····················200
　　京都学派与哲学的人学主义·······················205

解说——关于"近代的超克"（柄谷行人）···········215
译后记···223

学术文库版序言

本书是1980年由朝日出版社出版的《"近代的超克"论——昭和思想史断想》的新订增补版本*。

旧版书籍在编纂过程中，选择了从杂志《流动》上刊载的十回原稿中剔除第四回，最终整理为九章的结构进行出版。针对旧版未收录的第四回，新版进行了重新收录（因此，旧版的第四章在新版中调整为第五章，后续章节顺次后移）。旧版之所以未纳入第四回，是由于该章节中所言及的批判对象平野谦自己承认了因个人"记忆错误"而导致的瑕疵，故笔者放弃了和他的论战。然而，随着后续情况的发展，平野的弟子相继发表了意图重新探讨该论点的著作，且第四回的内容不仅限于对平野的批判，还包含更多维度的内容，故本次新版决定将其纳入。

在新版的修订中，我们针对人名特意增设了拼读的假名，并

---

* 该版本的日文原版有副书名"昭和思想史的视角"。——编者注

设置了注释（在章末按序号排列）[1]，以便于读者进行检索和确认。同时，我们也对引用的文章在全集中的位置进行了明确标记，以提供更加便捷的检索路径（但是，鉴于本书所引用的部分书籍和全集存在修订版的情况，我们决定保留这些引用文的原貌。在原文是旧假名和旧字体的场合，本文也将假名的使用方法按旧假名的方式保留字体改为新字体，注音和人名的注音均改为新假名）。注音标记和人名检索的工作，都是由讲谈社编辑部倾力完成的。

笔者在这个时间点决定发布本书的新订增补版，尽管从本质上看，它更多的是对旧版的复刻，但本人坚信，此举即便影响有限，也具有其相应的意义。

回过头看，相较于在已停刊的月刊杂志《流动》上以《近代的超克与日本的遗产》为题进行连载的昭和时期的1949年和1950年，甚至以"昭和思想史断想"为副标题的旧版《"近代的超克"论》出版的1980年相比，本书所探讨的主题和内容在当前时代依然展现出了更为显著的现实意义。

笔者也提出过超克所谓近代知性的视野（亦即特定历史阶段的近代资本主义时代范式[2]的视野），尝试过在认识论和存在论

---

[1] 为便于阅读，中文版皆改为脚注。——译者注
[2] hypodigm（范式），hypothese+digm，广松涉自创的术语，指认识的不协调信念和知识的秩序状态，以及其中的基干性思维框架。——译者注

的层次提出代替方案的体系。另外在社会哲学的各个层次，亦以马克思主义理论的复原性解释为基础，深入探讨了应当替代近代知性的新型范式体系。

本书所述及的"近代的超克"概念，虽与前述研究存在紧密的关联，但本书的核心议题仅限于探讨昭和10年代①在日本思想界广泛热议的"近代超克论"。本书旨在以此为主题内容，而非构建作者个人的近代超克论体系。这一选择并非基于笔者自身理论体系的前提，而是为表明笔者本身具有的现实性历史课题的意识，同时和读者一起考察前车之鉴。

"近代的超克"作为世界文化历史中的全球性课题，其自身和所谓的"西方的没落"和"东方的兴起"这种趋势没有任何直接关系。然而，回顾昭和10年代，即第二次世界大战前后的时期，当时的"近代超克论"确实与以日本为首的东亚力量期望战胜欧洲，进而称霸全球的愿景相呼应。在这一时期，构想的核心在于超越英美主导的资本主义社会体制与政治理念，以及苏联领导的社会主义经济体制与革命理念，并以此为基础构建全新的体制与理念。

在昭和20年代，太平洋战争胜利的虚幻憧憬彻底破灭，"近代超克论"亦被定性为日本帝国主义战争的意识形态，并被历史所尘封。然而，随着战后日本的复兴，一种名为"大东亚战争肯

---

① 指1935—1944年。——译者注

定论"的思潮逐渐浮现,其中不乏鼓吹"日本至上"的极端声音,甚至有人提出"大东亚战争实质胜利论"的论调。同时,亦有人宣称"21世纪是以日本为引领的东亚时代"。此外,我们亦观察到社会主义各国固有的经济、政治政策的波动,这引发了对旧时代左翼理论运动的浅薄看法,似乎有复活半个世纪前的"近代超克论"的迹象。

在当前时代背景下,为了真正实现近代的超越,与旧时代"近代超克论"的批判性对质显得愈发迫切。对战前及战时日本思潮的战后反思,虽然存在片面化的遗憾,但深入其实际状况——如本书引用所揭示——我们发现其本质上缺乏深度和实质内容。当前,"欧美的没落"、"东亚的复兴"以及"超越民族国家的集团经济的重新构成"等趋势虽呈现现实化,但与昭和10年代的情况相比,其内核不过是对"近代超克论"中"世界史的哲学"、"五族共和"及"协同主义哲学"的矫饰,实质上是迎合世俗的产物。因此,深入剖析"近代超克论"的内容,并在原理层面进行彻底的对决,已成为当前亟待解决的课题。

学术文库版收录了柄谷行人的解说。尽管他对于本书有些过誉了,但其对于本书内容的深入解读,无疑为读者提供了恰当的指南。在此,我们对柄谷行人的芳情和厚意表示感谢。

同时,我们也向众多支持本书的人士表示由衷的感谢。特别是《流动》杂志的佐藤修和木原启二两位编辑长,以及旧版朝日出版社编辑部的中野干隆、白石幸纪、上田恭子。我们同样感谢朝日出版社社长原雅久先生对版权转移的慷慨允诺，以及同社编辑部赤井茂树先生的辛勤工作。此外，我们还特别感谢讲谈社的编辑高赖凌子，她对于引用文与原文的对照、修正及注释工作，以及对人名检索的精心制作，都为我们提供了极大的帮助。对于所有为本书付出努力的友人，我们再次表达最深的感谢。

广松涉
1989年10月9日

第一章 关于《文学界》杂志座谈会

传说中有名的文化综合会议到底讨论了哪些事项？
以讨论座谈会为基础，了解战前和战时的思想状况。

在1960年代末期的历史时期，当全共斗①系年轻理论家们探讨"近代的超克"概念时，不少年龄在四十至五十岁之间的知识分子会表现出明显的疑虑和不安。对于那些基于反对"大东亚战争"时期的思想立场，以及对自身参与战争思想进行深刻自我批判和反思的人而言，他们对"近代超克论"的提及往往会选择装聋作哑，这确实反映了他们内心的无奈与困扰。然而，我们必须明确指出，战后第二世代所倡导的"近代超克论"，并非是对战争时期相关讨论的简单复活。尽管在表述上使用了相同的词汇，但其所涵盖的内容与时代背景在实质上已存在显著差异。

在今天，对于那些再度强调"近代的超克"的人而言，我们不仅要记得，自半个世纪前起，作为课题进行探讨的哲学领域的

---

① 全学共斗会议的简称，是1968—1969年日本各大学以武装斗争的形式展开左翼学生运动之际，由部分学运团体组成的大学内部联合组织。——译者注

"近代的超克"，也要认识到战时的日本是如何把它作为课题的。无论如何，从审视战争时期的日本这一层面出发，这也是一个不容忽视的认知事项。

我近十年来一直有着论述"近代的超克"的经历，为了给巩固立场的工作提供些许帮助，故而勉强起稿。

问题域的路标

在这里，我们先从笔者所知晓的背景说起。

《传统与现代》杂志1973年3月号的特别企划以"回归日本，西欧近代与日本的相克"为卷首，在关于"什么是日本的近代"的对谈里，发表了川村二郎[①]如下言论：

> 近代的超克，或者说近代的终结，这一讨论在战争时期被发起，我认为，在战后对它的处理未必妥当。也就是说，这些议论在某些方面，或许确实与侵略战争以及日本那个时期军国主义方向的意识形态相结合，并成为其附庸，但从另一方面来看，正如古川（健一）先生所说，在此之前，它作为一种方向，的确明确了明治以后日本近代化的方向。因此对于这样的方向所存在的原理性疑问，我认为确实在那个近

---

① 川村二郎（1928—2008），日本的德国文学专家、文艺评论家。——译者注

代超克论的议论之中，至少作为萌芽和可能性被涵盖其中。我觉得在战后的近代主义者当中存在这样一种倾向，即大家将这一方面也视为侵略战争的意识形态，从而把味噌和粪便一同抛弃①。在这当中，要将应当视为原理性问题的部分和因时代状况而被扭曲的部分正确区分是非常困难的，但是正因为困难，如今的我们才必须凭借能够不受拘束的立场去思考如何将其分离。并且我有这样的想法，通过这一思考，我们也能够确认我们当下所处的位置。

对于川村的发言，笔者深有共鸣。——顺带一提，川村在战败时恰好是旧制度的高中生，比当时正在小学六年级的笔者大几岁，可以说我们处在相邻的世代。

那么在战争时期被探讨的"近代的超克"具有怎样的思想内涵呢？当然，依据论者的不同内容也有所差异，虽说由《文学界》②团体、京都学派、日本浪漫派这三方面构成了日本"近代

---

① 味噌も糞も一緒，日本俗语，比喻对好的东西和坏的东西都一视同仁。——译者注
② 《文学界》，日本文学杂志。它于1893年1月从岩本善治主办的《女学杂志》中独立出来并发行创刊号。参加者最初主要有星野天知、星野夕影、平田秃木、岛崎藤村、北村透谷、户川秋骨等人。《文学界》派作家多为早期受过基督教思想洗礼的进步青年，他们信奉感情主义，在西方文艺复兴文学和浪漫主义文学的刺激下，代表时代的新思潮，开展了一场浪漫主义文学运动。《文学界》派以北村透谷的评论、岛崎藤村的新诗和樋口一叶的小说为代表，提出了人的自由和个性解放的主张，批判了封建伦理道德。——译者注

的超克"的思想统一战线（依照竹内好的观点），但要记述类似于统一战线纲领的东西却非常困难。无论如何，我们必须谨慎，避免粗略的概括。

总之，我们在此先大致浏览一下《文学界》在1942年9月和10月号登载的传说中著名的座谈会——"文化综合会议讨论会——近代的超克"①及其周边，从而正式审视一下问题域的外围。

众所周知，《文学界》这本杂志过去是由左翼斗士林房雄②与小林秀雄③、川端康成两人于1933年共同创刊。回顾这本杂志

---

① "文化综合会议讨论会——近代的超克"，1942年由《文学界》杂志发起，在东京目黑举行。杂志登载的时候以《文化综合会议讨论会——近代的超克》为题，而作为单行本发行时，变更为《知性协力会议 近代的超克》。

② 林房雄（1903—1975），小说家，本名后藤寿夫。大学新人会所属的学生运动家、马克思主义理论家，在《文艺战线》上发表了处女作《苹果》（1926），以无产阶级作家起步。1926年因京都事件被捕，1930年被判决入狱2年。1932年出狱。在《为了文学》《作为作家》（均发表于1932年）中主张文学的独立性，批判以政治优越性为指导方针的纳普，1936年宣布停止无产阶级作家的写作。此后，他在右翼团体大东塾客串，宣扬"勤王之心"，宣扬对国体的信仰和献身精神，积极协助了新体制。他很早就开始写浪漫性很强的作品，这种典型的转向也可以说是符合其资质的必然结果。第二次世界大战后经历流放，以中篇小说《儿子的青春》（1950）复活。他的评论《大东亚战争肯定论》（1964）引起了众议，但那也是战前的代表作《青年》（1934）、《壮年》（1936）、《西乡隆盛》（1942—1948）等延长线上的内容。——译者注

③ 小林秀雄（1902—1983），评论家。最初在团体志上发表了小说《章鱼的自杀》（1922）、《一个脑髓》（1924）、《庞金的笑》（1925），1926年（转下页）

的发展历程，在1930年代后半期，几乎可以说，从能够借此了解整个日本文学界动向的意义上讲，它是灯塔一般的存在。不过我们略去回顾它的前史，直接关注"近代的超克"研讨会就足够了。

出席者们，被主持人河上彻太郎①称为"仅此人数的一流的人"，共计13人。西谷启治②、诸井三郎③、铃木成高④、

（接上页）通过《人生矶断家》开创了法国象征派，开始基础的文学批评。1929年凭借《改造》的悬赏评论《各式各样的设计》登上文坛，第二年开始在《文艺春秋》上连载文艺时评，以清晰的文体和反论尖锐地抨击了左翼文学的观念性和新兴艺术派的空洞，同时运用旧有的印象批评和实感批评，确立了以自我意识和存在的对决为轴心的近代批评。1933年参与《文学界》的创刊，并从1935年开始担任编辑负责人，作为文坛的代表性批评家活跃在文坛。——译者注

① 河上彻太郎（1902—1980），评论家。毕业于东京帝国大学经济学部。《文学界》同人，当时的编辑代表。在《河上彻太郎全集》（劲革书房）第六卷中，收录了《文学界》杂志每期的"后记"。
② 西谷启治（1900—1990），哲学家。毕业于京都帝国大学哲学部，出席座谈会时是京都帝国大学教授。现有《西谷启治著作集》一期全十三卷（创文社）刊行，但下面提到的论文并未收录其中。
③ 诸井三郎（1903—1977），作曲家。毕业于东京帝国大学美学科，同时毕业于柏林国立音乐学校。在东方音乐学校、东京高等音乐学院任讲师，与河上彻太郎为旧识。战后长期在文部省任职。
④ 铃木成高（1907—1988），历史学家。毕业于京都帝国大学史学科。当时是京大的助教。专攻西方中世纪历史。下面提到的论文收录于《文学界》10月号，但并未收录在单行本《近代的超克》中。

菊池正士①、下村寅太郎②、吉满义彦③、小林秀雄、龟井胜一郎④、林房雄、三好达治⑤、津村秀夫⑥、中村光夫⑦、河上彻太郎。

另外,出席者之中有一些人是正式撰写了论文后参加座谈会的。《文学界》9月和10月登载的这些论稿的标题及作者分别是:《近代的超克私论》(西谷)、《音乐中的近代到现代》(诸井)、《应该突破什么?》(津村)、《近代的超克之神学根据》(吉满)、《关于现代精神的觉书》(龟井)、《勤皇的心》(林)、《略记

---

① 菊池正士(1902—1974),物理学家。毕业于东京帝国大学理学部。当时作为大阪帝国大学教授而参与核研究。

② 下村寅太郎(1920—1995),哲学家。毕业于京都帝国大学哲学科。当时是东京文理科技大学教授,专攻科学哲学。《下村寅太郎著作集》正在刊行中。座谈会中所写的《近代的超克的方向》和苗池的论文一起被收录于日本科学史学会所编的《日本科学技术史体系》(第一法规出版,1998年12月)。

③ 吉满义彦(1904—1945),宗教哲学家。毕业于东京帝国大学伦理学科。在当时是上智大学教授,东京帝国大学讲师。在雅克·马里顿门下专攻天主教哲学。他在座谈会上提出的论文收录于《吉满义彦全集》(讲谈社)第一卷。

④ 龟井胜一郎(1907—1966),评论家。曾就读于东京帝国大学美学科,后退学。曾加入无产阶级作家同盟,日本浪漫派,为《文学界》的同盟。《关于现代精神的觉书》收录于《龟井胜一郎全集》(讲谈社)第十六卷。

⑤ 三好达治(1900—1964),诗人。毕业于东京帝国大学法语科。《文学界》同人。当时是明治大学讲师。《略记付言一则》收录于《三好达治全集》(筑摩书房)第八卷。

⑥ 津村秀夫(1907—1985),东京帝国大学德文科毕业。朝日新闻学艺部记者。电影评论的开创者般的存在。

⑦ 中村光夫(1911—1988),东京帝国大学法语科毕业。《文学界》同人。在1938年开战到欧洲战场开始之前期间,在法国留学,也有无产阶级文学的相关著作。下面提到的论文收录于《中村光夫全集》(筑摩书房)第十二卷。

付言一则》（三好）、《近代的困惑》（中村）、《近代的超克备忘录》（铃木），以及中村在座谈会后的成稿。

在出席座谈会而正式提出的论文当中，铃木成高如此写道：

>　　所谓近代的超克，就是在政治上超克民主主义，经济上超克资本主义，思想上超克自由主义。
>
>　　对于日本而言，近代的超克这一任务还同时包含对欧洲统治世界的超克这一特殊任务，因而问题的复杂性更增一层。并且欧洲的近代的超克未必与我们具有相同含义。也就是说，对于"应被超克的近代究竟是什么"的反思未必一致。简单来讲，应被超克的近代是特指19世纪，还是指从文艺复兴以来的广义上的整个近代。在汉斯·弗雷耶[①]、埃米尔·涂尔干[②]和其他一些思想家那里，问题大体处于前者的范畴，而尼古拉·亚历山德罗维奇·别尔嘉耶夫[③]、克里斯托弗·亨利·道森[④]等人，则将问题追溯至文艺复兴时期

---

① 汉斯·弗雷耶（1887—1969），德国保守的革命社会学家和哲学家。——译者注
② 埃米尔·涂尔干（1858—1917），又译迪尔凯姆、杜尔凯姆等，法国犹太裔社会学家、人类学家，与卡尔·马克思及马克斯·韦伯并列为社会学的三大奠基人，《社会学年鉴》创刊人，法国首位社会学教授。——译者注
③ 尼古拉·亚历山德罗维奇·别尔嘉耶夫（1874—1948），俄国宗教和政治哲学家。——译者注
④ 克里斯托弗·亨利·道森（1889—1970），英国独立学者，主要研究基督教世界的文化史，出版有《宗教与西方文化的兴起》等著作。——译者注

开端的近代的谬误。虽说主张再次文艺复兴，但其反面也要求对文艺复兴本身的超克。并且倘若19世纪是文艺复兴以来的近代精神的发展所必然抵达的结果，那么后者的见解必然具备理所当然的充分依据。

铃木继续说道：

  根据上述考虑，我将问题大体分为以下几点：

  （一）明确近代的超克的本来意义，也就是在欧洲的意义。

  （二）从日本的角度定位问题，作为日本的课题，明确这个问题意味着什么。

  （三）讨论应被超克的近代是19世纪还是文艺复兴。这一点当然也包含在（一）之中，但包含着侧重于历史性思考的特别意义。

  （四）文艺复兴的超克当然涉及人性的根本问题，也必然与基督教的未来相关联。

  （五）与机械文明和人性问题相关的科学问题。也就是说，为了解决文明危机，必然引出科学的职能和界限的问题。

  （六）关于历史学，特别是关系最为密切的，也就是对"进步"这一理念的超克的问题。并且作为历史学固有问题的历史主义的超克必然成为最大的根本问题。历史主义的超克，也就是历史学的近代的超克。

铃木成高以上的发言并没有成为座谈会共通的基准，也没有成为座谈会讨论所延续的线路。但是我全文引用它的原因是，通过这个，我们可以大致推测战争时期日本"近代的超克"讨论的课题意识的水准。

论题和前提的理解

在《文学界》杂志的座谈会上，担任主持人的河上彻太郎的提案是：第一，西方的近代以及近代思想是什么；第二，西方的近代文化对于日本的功与过；第三，成为现代日本人如何可能。他计划沿着以上三个论题推进，但实际情况并非如此。

而且如中村光夫，在前面所说的关联论文《近代的困惑》中写道：

> 近代的超克——对于这个课题，我们这些人有着似懂非懂的暧昧之处。作为一个概念，它究竟意味着什么？这句话对于我们来说具有怎样的现实意义？或者换言之，它的内容与我们实际所关心的点有关吗？在刚看到这个未曾听闻的新词——至少在我国——的时候，恐怕任何人的心中都会涌现

出这样的疑问吧。迄今为止，在我国，通常会把"近代"这个词理解为与"西方的"具有相同的意义，如果像"西欧的没落"和"日本的自觉"这样思考问题，事情就简单了。但是若打算用那样粗糙的概念敷衍了事，就没必要特地拿出这样的新词了。否定西方的同时，又借助西方的概念，这件事本身就是缺乏见识的矛盾。因为用"近代的超克"这样的语句来表现现代文化课题的是现代西欧的一部分思想家。总而言之，我所关注的是这个课题所具有的强烈的观念性。换言之，像"近代的超克"这样的话语，在现代欧洲人心中毫无疑问具有强烈的现实感和明确的内容，然而相比之下，在我们心中也能如此吗？

当时，中村光夫一方面应允参加与"近代的超克"相关的学术研讨会，另一方面又指出这类主题的观念性，并自嘲地坦言道：当前的主题，无法在心中带来强烈的实感和明确的内容。在出席者之中，物理学家菊池正士也和中村持有相同的观点。

因为有这样的出席者，这个座谈会缺乏共同追究"近代的超克"，并积极构想能够替代近代的东西的态度。不得不说，这也是无可奈何之事。

但是在这里，如果要在表明与战后近代化理论家们之间存在断层的意义上做一些补充的话，我认为以下这点对于当前的出席者们几乎是共通的理解事项。

"近代的超克"是"作为今天霸主的欧洲人所发起的问题，其中包含深刻的欧洲性，并且是20世纪性的思考和感觉"，"并且这个术语本身也包含这些内容，对于日本以及东亚并不合适"，"比如说对于中国来说，当前的问题是如何实现近代化，对于日本来说，问题和欧洲那边也具有不同的意义"，在有这样的自觉的同时，他们也认识到，"然而对于我国来说，欧洲文明已经不单纯是外来文明，而是被深度内在化，已成为我们自身一部分的东西了，对于今天的我们来说，这个问题与我们自身也相关。也就是说，应被超克的近代不仅在欧洲，在我们自身之中也存在"。

再次引用铃木成高的文章，我们可以了解到：

> 特别是被我国所吸收的欧洲文明，是欧洲文明之中特定阶段的东西，也就是通过今天的欧洲人……不得不再次检讨和清算的东西，即在19世纪的文明之中，资本主义式的、个人主义式的以及自由主义式的文明中所引发的问题，这些我们自身也深有体会，并且促使我们不得不进行反思。这些思想危机，在日本形成了日本独有的形态，通常是以外来文明与传统文明、西方精神和日本精神、输入文明和固有文明这样的对立而被要求并得到解决的。另一方面，日本已经成为近现代的强国，在这个意义上，单纯地通过排除外来文明是无法解决这些问题的，也就是说，这些问题的根源也存在于我国很深的位置。

在此意义上，我们可以看到《文学界》杂志的这次座谈会，虽然在理论上条理不清，并且"近代超克论"也成了"大东亚战争"的意识形态战线的一部分，但是这些理论家绝不单单是因为所谓的"圣战"的胜利，而仅仅提倡排除欧美、让日本称霸，并对这样肤浅的思考感到满足。

总而言之，这个为期两天的名为"文化综合会议讨论会——近代的超克"的座谈会都讨论了哪些问题呢？按《文学界》杂志的副标题，第一天依次是"文艺复兴的现代意义""科学所带来的近代性""科学与神的联系""我们的近代""近代日本的音乐"，第二天则是"历史、变迁的东西和不变的东西""文明与专业化的问题""明治的文明开化的本质""在我们之中存在的西方""美国主义与近代主义""现代日本人的可能性"。座谈会在这些方面展开了讨论。

我们在此处没有兴趣深入这庞大的议论之中，坦率地讲，座谈会不仅条理不清，在内容方面即便看了，也难说有什么具有实质内容的东西。但是为了避免判断过于笼统，我们还是应该分析其中的几篇论文，并提炼出几个论点。

近代科学的地位

在读者之中，可能也有关心近几年被频繁讨论的现代科学技术的功过，并以此追溯到近现代理性主义的批判问题的人。在那个时代,"近代超克论"与近现代科学是以何种方式相遇的,或许在这里我们先了解一下再继续会比较好。

但是,在当下被作为问题的座谈会中——先不论明治以后对于西方科学技术接受的讨论脉络——几乎没有关于近代科学本身的讨论。因此,将那个时代的讨论和今天的讨论直接对比是不可能的,不过另一方面,关于近代科学的看法确实在"近代超克论"的背后存在,这一点无法否认。

在此意义上,让我们来看一看关于近现代科学的地位的讨论——关于这个主题积极发言的,事实上只有下村寅太郎一个人——中的一个吧。

"让近代科学的近代性清晰化",下村寅太郎结合文艺复兴的问题,做了如下发言:

> 近代科学确实有与古代希腊精神的承接和复兴的一面,但那并未涵盖近代科学的全部特征。虽然都被称为科学,但古代典型的几何学和以数学化的物理学为代表的科学有着根本不同的特征。这是科学性的不同呢,还是认识和概念的不同呢?总之确实存在这种本质方面的区别。关于近代科学的起源问题,科学的确不是特殊的东西,它和其他近代的现象一样,拥有共同的基础。

下村的发言和今天被讨论的问题有重叠的部分,因此我们不厌其烦地再引用一段：

> 从文艺复兴时期近代科学具象化后的情况来看，它和当时的占星术以一种魔术式的思考方式相对立。占星术的基本思考方式是，世界被命运必然地支配着，并且其中星辰的位置和人类的命运相关联，而相对于这种宿命的必然性的思考方式，近代科学则是一种朝向自然必然性的契机。科学有着从宿命般必然的世界中，确立人类灵魂的自主性和精神自由的企图，并通过"魔术"打破了这宿命必然的因果。这种魔术的精神，也就是近代科学的方法，即实验的精神。实验不单单是纯粹地观察自然，实验方法的特点是，将自然状态下不存在的东西通过人类的手实现并观察。换句话说，并不是观察自然的存在性本身，而是观察它的可能性，观察自然从内部诱导到外部的过程，这才是实验的根本精神。可以说，这种实验的精神和魔法的精神相结合。实验的精神是将之前占星术的必然的因果性和自然的必然性的思想相统一之后，才确立为近代科学的方法的。这种思想被自觉运用是在笛卡尔和伽利略的时代。

那么这样形成的近代科学的认识论结构的特质是什么呢？在讨论这一点之前，根据刚才所说的，接下来的这一点需铭记。

下村并不是说，科学在朴素阶段是作为魔术存在的，而是说，如果没有范畴的直观、语言的论证等等，那么实验的形成或者实证的科学的独特方法就是从魔术当中而来的。而近代科学所预想的近代理性主义当中的理性，与语言之中或论证之中所显现的古代理性，即逻各斯式的理性，在本质上是不同的。问题在于，"古代的学问的论证性和近代学问的实验性，这两种特点之间的根本区别"。

近代科学的认识特点，与古代那种直观事物的本质和形式不同，它引出事物的可能性并加以观察，不是在静态中观察事物，而是在动态中、在力学中。也就是说考问自然，让自然自身回答。在这个意义上，近代科学的认识并非一种纯粹客观的观察，并非直观事物本身的本质。换言之，它具有技术形成性认识的特点。笛卡尔在《谈谈方法》中也强调认识的技术性特征。这种近代科学的特点是近代思想的共通特征。近代思想的共通特征是观念主义。所谓观念主义的态度，是指对于一般的存在并不直接承认，而只承认在主观中介下所存在的事物。近代所谓的经验主义也好，实证主义也好，以及宗教改革的精神也好，都是以观念主义为背景的。路德的理念是，一切事物，比如自然的理性这样的东西自身不具有任何价值，而是依赖于信仰才能获得意义。将经验和信仰这样的主观东西视为中介，是观念主义的精神。从这个角度来说，近代科学与古代相比是独特的，但和近代其他现象相比并非特别的东西,因为它们拥有共同的近代精神的基础。

我们在这里想再引用一段下村的发言:

> 要我说,这种近代科学的知识概念的结果就是机械的形成,这种机械……和以前那种单纯是事物的延长或辅助的机械不同,也不是那种模仿自然、类比自然特征的机械,而是一种对自然的重新编造、重新构成,或者说代替自然,具有这种特点的机械才是近代意义上的机械。形成这种特点的机械的认识是近代科学的认识,近代技术也是在近代科学知识的中介中形成的技术。

关于近代科学的历史定位和性质,在聆听了下村以上的发言之后,座谈会上对于如何超克近代科学这一点,完全没有积极的发言。

如果非要找到相关的发言,也就只有吉满义彦的发言:"说起对于近代的克服,物理学与形而上学的真理如何关联也是一个问题。……和'科学知识学'一起的、对于自然哲学的新确立,在今天也是被要求的。"吉满义彦也就进行了这种程度的发言。哲学造诣颇深的物理学家菊池正士,也仅仅是说了"我也觉得对于科学的超克是不得不进行的,但是如何进行超克我完全没有自信"就打住了。

总的来说,对于近代科学的批判性超克,不仅限于这次座谈会,在战争时期,也没有自觉作为"近代超克论"的一个明确方向被讨论清楚就结束了。

我们在这里详细引用下村的发言,并提及它没有被议论,不仅仅是为了和今天的论题讨论相对照,也是为了引出京都学派所做的伏笔。

天地人三才与无的哲学

虽然还想继续分析《文学界》的座谈会,但对于当时的日本思想而言,如果无视西田哲学的影响是无法切中要害的。对于在战后出生的读者们来说,恐怕难以想象西田哲学在过去有着怎样的地位。而在此处,当我们反思战前和战时的日本思想遭遇的瓶颈时,我们也应该插入一些旁白。——关于西田哲学,成为马克思主义者以后的户坂润[①]曾这样写道:

---

① 户坂润(1900—1945),日本哲学家。京都帝国大学毕业。初时受新康德主义的影响,后逐渐从唯心主义转向唯物主义。1932年参加唯物论研究会(1938年被迫解散)的创建工作,并成为主要领导人之一。从《唯物论研究》杂志创刊到1938年被迫停刊,始终担当该刊的领导工作,并参与《唯物论全书》的编辑,致力于马克思主义的传播及对唯心主义哲学的批判。1938年被捕下狱,卒于狱中。著作有《意识形态概论》《技术哲学》《科学论》《日本意识形态论》等。——译者注

被左右田博士称为西田哲学的这种哲学，不仅在我国是具有代表性的哲学，公平地说，在世界上，水准也具有引领地位。在近年世界上的哲学家中，能够被载入史册的人物，无论是谁，恐怕都会说是柏格森和胡塞尔吧，但我在此处将西田博士也加入其中。过去胡塞尔曾请当时在德国留学的田边元①博士做了西田哲学的讲座，并且很热心地倾听，且表达了自己的意见。如此看来，西田哲学在世界层面的价值恐怕比我们想象的还要大。并且欧洲的，或者说主要是德国的被称为哲学的哲学，因某些根本的缘由陷入困境，而听到"海德格尔"或者"黑格尔复兴"的名号，就沉溺其中，仿佛抓住了救命稻草。对于今天的国际哲学界来说，更应该重视西田哲学的开展、前进及其优越性。（《为了现代的哲学》，1933年，又名《现代哲学讲座》，《户坂润全集》第三卷）

就连马克思主义者户坂润都对西田哲学有如此高的评价，虽然这也不能成为战前和战时的日本知识分子全都高度肯定西田哲学的证据，但是，就算再是"怀疑论的无战派"，根据上文所述，

---

① 田边元（1885—1962），日本京都学派第一代的哲学家。早期在东京帝国大学读自然科学，1908年转入哲学系，和井上哲次郎、柯贝尔（Raphael von Koeber）等人学习过，1913年于东北帝国大学担任讲师，于自然科学科讲授哲学。1918年他受聘至京都帝国大学，与西田几多郎逐渐形成京都学派。曾提出"种的逻辑""忏悔道"等哲学概念。——译者注

应该也能够接受西田哲学的影响极其巨大这一点。

我们在这里记着西田哲学的显赫，对于《文学界》杂志座谈会的考察姑且到此为止。在此，除去参会者的身份不说，西谷启治的论述是值得讨论的。

西谷指出并作为基础展开的点，并非仅仅是西方文化达成了各个专门领域的分化，而是这些专业领域是某种丧失中心的存在，也就是说，西方文化丧失了作为"整体的统一性"。"所谓近代文明是通过宗教改革、文艺复兴和自然科学这三个运动告别中世纪而成立的。这三个运动成为近代西方精神文化整体的三个源流，但它们并非一个统一主流的支流，它们自身相互独立，甚至在根本上相互冲突。"

"宗教改革以神为中心的立场"、"自然科学以世界为中心的立场"和"文艺复兴以人性或灵魂为中心的立场"，这三个立场"各自有中心而相互分离"，因此宗教、科学和人文也就是"文化、历史和伦理"之类陷入了无关联的分裂之中。"但这三个领域却是人类存在的三个基础。""如同东方文化中天地人三才的分类，西方文化中也有神、世界和灵魂的三分，这三者自古而今都是西方世界观与人生观的三个基本观念。"在欧洲中世纪时期，欧洲人以基督教信仰为基点，将这三者调和统一。"然而中世纪的精神以及由此派生出来的庞大世界观建构的崩塌，正是因为这三个观念失去了关联性。在今天，这三方面相互独立，且各自都主张通过自身来支撑整体架构，由此，近代便开始了。"

从这一观点出发，西谷主张，近代欧洲是一个没有统一世界观的时代，这里虽未直接引出西田哲学，但西谷打算以"主体的无"为立足点，构建新的世界观的统一。

在这里，西谷将"三个基础的关联性的丧失"与所谓"以自由主义为中心的政治的问题"相关联。"自由主义的根基在于，在世界中强调独立个人存在的权利，如此一来，个人主义和世界主义似乎就成了同一立场。"围绕此，彻底的个人主义、彻底的世界主义乃至社会主义，以及更进一步的，与这两者都对立的彻底的国家主义等也衍生出来。"在那里，个人与国家以及世界的关联，处于深深的混乱之中。"

因此，"现代最根本的课题就是重新构建世界观的新基础，并形成新的人类的自觉"。当然，可以说，这并非只是我国特有的问题，而是"当代全世界共通的问题"。

那么对于这个课题，西谷是以何种方式回答，并如何以此达成"近代的超克"的呢？

西谷说：

> 问题的根本在于，否定人性，而追求绝对和超越事物的宗教立场，如何给全盘肯定人性的文化、历史、伦理等立场，以及对人性保持中立看法的科学立场提供自由活动的场所，并且其各自的自由活动如何有统一的可能，这种可能性所需的宗教性应当是怎样的，以及以这种宗教性为基础的伦

理应当如何重新构建。

关于这个问题的方案，西谷将焦点落到了日本传统精神的根底处。的确，相较于"一般的东方的宗教性"，"无主体的宗教性"是日本特有的，"这一点也渗入了我们的现实生活，构成了与国民伦理相协调的道"。这被视为日本精神"最深处之所在"。另一方面，西谷认为，"我国当前直面的课题无疑是树立世界新秩序的大东亚的建设。国家综合力量的集中，特别是高度的道德能量是当下最需要的，这对实现此课题有益"。"然而对于大东亚的建设，于我国而言，获取殖民地是必要的，这是为了世界新秩序的确立，是为了正义秩序的确立"，"这是依据世界历史的必然性而由我国承担的使命"。西谷综合这几点，并认为应当"自觉"到这些。

西谷的企图是，"现实的日本中蕴藏的精神，提供了深刻的方向"，以"世界的宗教性、国家的伦理性及其相即相入的人"为基点，"立足于主体的无，定位在将世界、国家和个人一以贯之道德能量的伦理性，进而实现近代的超克"。

我想读者在此可能会想，以西田哲学优越性构建世界观新体系的理论家的企图，与之前所介绍的历史学家铃木成高的"在政治上超克民主主义，经济上超克资本主义，思想上超克自由主义"这一纲领之间有何关系？

但在座谈会上，并无相关议论，不论是铃木还是西谷，都只是抽象地提出课题和方向，而关于如何具体构筑体系的方案并未提及。另一方面，下村所提出的和近代科学的知识结构相关的讨论和对话，至少在表面上也未呈现。

但是，我们不能以上述内容来臆断这次《文学界》杂志的"近代的超克"座谈会的思想理论水平。

虽然我们在此已对副标题中的多数内容进行了讨论，但并未将所有议题讨论完毕。不过，座谈会上未展开的论点，若置于当时已有的理论体系的文脉之中，就会浮现出一些意外的格式塔。关于这一点，对西谷启治和吉满义彦尤其如此。

因此，若我们想进一步理解《文学界》杂志座谈会的内容，以及对"近代的超克"的理论进行批判和重新认识，就必须扩大视野，对京都学派稍作系统的回顾。

第二章 重读高坂正显的理论

> 京都学派代表性理论家高坂深入地指出了近代文明的异化状况,并提出了一种独特的自我内在地否定近代性的逻辑。

作为理解我们在前一章大致了解的《文学界》杂志座谈会上所述理论的前提,我们还应当再看一看昭和10年代拥有最华丽论证的哲学家之一——高坂正显[①]的理论。说起高坂正显,对于没有经历过战争的这一代人来说,他因对"被期待的偶像"所做出的回答而为人所知,除此之外,人们最多可能也就是知道他是康德以及新康德学派的研究者。但在昭和10年代,高坂的理论中,可以看到对于今天的我们也无法忽视的各种契机。

按照本书的脉络,我想引用的高坂的文章不止两三篇,不过如果是想简洁且直截了当地切入与近代以及"近代的超克"有关的论稿,那么首先应当将《现代的精神史的意义》的理论作为核心,而以《历史的世界》等的理论作为旁证来联系,这样是比较恰当的。

[①] 高坂正显(1900—1969),哲学家,毕业于京都帝国大学哲学系,当时是京都帝国大学教授。《历史的世界》收录于《高坂正显著作集》(理想社)第一卷。《现代的精神史的意义》并未收录于他的著作集中。

欧洲"近代"的位相

高坂为了阐明"近代"的内在自我扬弃的理论,作为准备工作,他先将古希腊和基督教中世纪赋予了对比性的形态。

> 可以这样说,古希腊的实在是自然,基督教的实在是神,而近代的实在是人类,所以分别称为自然中心主义、神中心主义和人类中心主义,也是没有什么问题的。

有慧眼的读者可能在此就直接预想到,高坂会对应西方的"自然、神、人"这种"实在"的立场,也就是"有"的立场,提出东方的"无"的立场,并且提倡"无中心主义"。但我们要谨慎这种粗略的先入之见,而仅仅关注高坂的理论构建。

高坂绝对不单单是尝试对不同时期的形态进行分类,而是关注世界历史变迁的内在性。这里,我们现在先省去古希腊时期内在的自身否定的经过,而直接大略看一下高坂如何讨论中世纪的内在自身否定,进而朝向"近代"的问题。

"如果古希腊的精神是与自然相调和的外在性的话,中世纪的精神就是征服自然的内在性。古希腊是调和的话,那么中世纪则可以说是一种综合。""在跨越千年的中世纪中,如果要寻求一个最具中世纪特征的时代,那就是权力的中心从神圣罗马帝国的皇帝向罗马教皇转移的时代吧,正是这种教皇权的确立才最明确地区分了内在性和外在性，并且是一个通过内在性支配外在性的故事。"中世纪的精神生活的特点，如果用艾肯在《中世纪世界观的历史与体系》中的话来说，就是"否定世界"和"统治世界"这两种深刻兴趣的综合。

那么这两种因素是如何关联的？并且中世纪是如何通过否定自身而实现近代的确立的呢？为了理解高坂的现代自身否定的理论，我们必须重新探讨这个问题。

中世纪的精神原本来说是对现存世界或者说世俗世界价值的否定，也就是"脱离世界"的意向。但从历史的事实来看，却呈现出罗马教皇对世俗的统治，或者说像十字军这样对世界的统治。如高坂所说："如果我们要构建从否定世界向统治世界转移的理论，我们可以如此论述：世上没有任何价值，而我们所能依靠的只有作为神在世间显现的教会。因此教会对于这个世界来说有绝对的权威，也应该作为统治者……这就是从否定世界到统治世界的当然逻辑。"

但是这种运动的理论不能止步于此。因为"为了实现对世界的支配，超越的东西、内在的东西，必须再次成为内在的东西和外在的东西"。"那么，这就会将好不容易获得的内在性和超越性抛弃，而成为一种自我否定。中世纪相较于古希腊的外在性，从树立否定的内在性开端，依据内在性而达到对外在性统治的顶点。并且那个顶点立刻就向中世纪精神的自我否定转移。于是中世纪的精神就划分为否定世界、统治世界和否定自身这三个阶段，描画出一个轮回，进而过渡到近代。""并且代替了中世纪的综合，近代的分立与独立的时代开始了。"

高坂将"近世"规定为人类中心主义的同时，也将其规定为机械文明的时代，这两者是否矛盾？还是说正因有这种矛盾，所以才被称为分裂的时代？高坂的理论并非这么简单。此处才是今天要正式讨论的争论点，因此会在稍后详细介绍。

> 近代是机械文明的时代，而这正是人类中心时代的结果，或者说是反映。具体来说，近代是将人类作为实在来考虑，因此与其相应的是将自由作为实在来考虑的自由主义的时代。但是这个自由主义是以机械主义为中介而存在的，也正因为存在机械主义作为中介，才会有如此的繁荣，同时也会有在未来自我否定的危机。换句话说，近代的人类中心主义，是在自由主义和机械主义——它们的根底是理性主义——综合的基础上发展的，而隐没了其内在的矛盾。而这正如同否定世界和统治世界的综合，所以因此，它的没落也（与中世纪）类似。如同明确否定世界和统治世界的内在关系就是明确中世纪精神一样，明确自由主义和理性主义（最终是机械主义）的内在关系，就是明确近代精神。

总结高坂的理论图式，就是以上命题。但是，在评论之前，我们应当先综述高坂所说的内容。

人类中心主义与机械的服从

很多情况下，自由主义的概念被理解为与个人主义相对应，特别是在战前和战时的日本。但是高坂认为"自由主义并非单纯的个人主义，而是人类中心主义"。从历史来看，"近代自由问题的开端，与其说是个人的自由问题，倒不如说在更多情况下是国家从教会获得自由的问题"，总的来说，自由的主体并非个人，而是国家。并且人类中心主义也并非所谓的个人主义，当然更不是所谓的利己主义。按照高坂的看法，人类中心主义本来的形态是在康德的"自律"和费希特的"自我设定"中被确立的。

那么，这种人类中心主义或者自由主义究竟因何缘故并且是如何与理性主义、机械主义相结合的呢？

按照高坂的看法，"机械这种现象本身就充分包含着解开这个谜团的钥匙"。近代的人类机械论，也就是主张人类其实也是一种非常精密的机械的看法，其实是伴随着当时最精巧的机械——时钟的出现而登场的。"这是因为，人类制造了名为时钟的机械，那么反之，人类自身也应该作为一种像时钟那样精巧的机械而被解释。"一般来说，首先确立了将自然视为一种精巧机械般存在的机械论式的自然观，然后在此基础之上把作为自然一部分的人类也视为一种机械的看法才会诞生，"但我认为恰恰相反"，正如高坂如下所说——为了对照前面一章介绍的下村寅太郎的思想，我想不厌其烦地引用一个长段落。

人类是实在的中心。人类为了自己的目的而使用自然的事物。——神的创造物都是为了人服务的,这种结论是将基督教观念中的神去除之后得到的。在那里,人类成了自然的中心。在这个意义上,正是从中世纪中除去了神的超越性,近代才得以出现。因此在近代初期,人们诉求于魔术,但这与人类中心主义的思想并不相容,于是为了得到充分统治自然的手段,人们用数学式的自然科学代替了魔术。但是,正如所观察到的,实验使数学的自然科学成为可能——因此实验并不是对自然的单纯模仿,而是依据人类的计算将自然重新编排组装(这是因为机械主义的基础是理性主义)——数学的自然科学,本来与机械的制作并非不同。于是人类中心主义也因要求统治自然而创造了机械,而自然科学也与之齐头并进。因此并不是为了观察自然而产生了机械,而是为了统治自然才创造了机械。并且伴随而来的是自然本身,至少作为一种思想的实验,也应该像机械一样被组装起来。对于自然的单纯观察,倒不如说是将自然作为一种生物捕捉。将自然视作一个巨大的机械的想法,产生于因为人类自身想制造机械。而结果是制造机械的人类,反之作为自然的一部分,也应被把握为一种人类机械。这就是人类机械论成立的逻辑。单纯的自然并没有任何纯粹的机械结构,但是人类,从自然之中抽象并构想出最合理的机械,即作为纯粹的机械的自然,从这里开始,自然才被理解为一种纯粹的机械模型。这也是机械主义的根底反而是人类中心主义的原因。

读者们应该在此很快就大致明白了高坂的近代自身否定是怎样的理论了吧。

人类通过机械来统治自然时,反之也会作为一个机械而成为自然的必然性体系的一部分,"这就是人类中心主义的根底是机械主义,并被后者否定的缘故"。人类通过生产机械来实现对自然的支配,但是也因此"被作为机械的自然所否定"。这就是"人类中心主义"必然的命运,也是其悲剧。"人类被自己所创造的机械所威胁。"

"资本主义也是同样的结构",高坂特地附带做出了这样的说明,"资本主义的制度从人类自身中产生,但是人类却被其奴役"。

那么我们如何从近代世界的这般历史状况中脱离出来呢?"近代的超克"并不仅仅是知识层面的工作,而且必须成为优秀的世界史中的实践。

近代人类异化的境况

我们应该在什么方向上超克近代呢?想要理解高坂对于这个优先性实践问题的解答,我们就必须先看一看高坂的所谓"现状认识"。

近年来，指出机械的危害几乎成了一种潮流，指责机械文明的声音随处可见。但是，"遭受诸多非难的近代的理性主义和机械文明，实际上给予了人类世界历史上未曾有过的恩惠，因此关于这一点，首先要充分感恩才行"。在铭记这一点的基础上，高坂认为也要防止陷入像卢德主义[①]那样的时代错误之中。同样，他也指出："先不论这些，这种机械文明是现代最大的苦恼。"

机械并非对自然的模仿，而是人类天才的构想。车轮并非在自然中被发现，而是人类的发明，飞机也并非像鸟儿振动翅膀一样飞翔在天空，而是依靠螺旋桨。"人通过机械，构建了与自然不同的自然。"并且基于以上所述，人类也成了一种机械的存在。而且这种人类机械论绝不只是作为知性的知识存在，在历史中也存在着现实的情形。

近代的历史情形是，"人类通过使用机械，自身也变成了机械的一部分"。在这里，实践性地产生了人类中心主义之中的"近代文明的自我否定"。

高坂通过描述卓别林著名的电影《摩登时代》等具体情形，指出这种"如今的人类无法笑话机械的现代悲剧"已经象征性地显现了。

---

① 卢德主义是19世纪英国民间对抗工业革命、反对纺织工业化的社会运动。在该运动中，常常发生毁坏纺织机的事件。这是因为工业革命运用机器大量取代人力劳作，使许多手工工人失业。后世也称反对新技术的人为卢德主义者。——译者注

如果人类的运动也是一种单调的机械式重复，那么这实在令人笑不出来。人类的日常生活不也正是忘却了自身的单调机械重复吗？人类单调的机械化运动成为现实，并且当我们发觉这一点时，那就正是一出悲剧性的喜剧，电影《摩登时代》就描述了这一点。但是如今的人类无法笑话机械，而是在一定时间内乘坐一定的交通工具到达职场，并机械性地完成一定的职务，大都市里大部分人不过是"近代大都市这种巨大机械的一个齿轮"而已。

近代文明的进步与其说是确立人类的自由，倒不如说导向了否定人类的自由和人类的主体性。虽然还没到人造人的地步，但是大多数的人类已经像机械一样存在着，重复着单调的机械式生活，生活中没有一点乐趣。这便是近代的疲乏和倦怠。在完备的新闻机关之下，任何事件都被快速传达，而对事情本质的兴趣却变得稀薄。在大都市的水果店里，任何一个季节的水果都不缺。但是正因如此，对于四季所带来的新鲜水果的单纯喜悦就消失了。人们追求并不一定味道更好的、异国的以及热带的水果，这些不过都是追求新鲜感和惊奇感的一种手段而已。但是被变为机械的一部分、被剥夺了自主性的人类，通过这样的方式真的能够治愈自身的不安吗？虽然近代被称为个人主义的时代，但是近代反而变成了自主性消失的大众的时代，想要找到真正自主的个人，反而找不到。……今天，没有英雄的指导者、元首，自主性被剥夺的大众只能通过自身来寻求指导、寻求自我安慰。马赛的流行，橄榄球、搏击比赛的兴盛实际上是从机械化、理性化的无力感中寻求刺激和泄愤而已。竞技比赛多少都能显现出一些非理性化的部分。竞技比赛可以视为对机械化的反抗。因为伴随着机械的完成，个人的技巧变得没有用了，飞机需要特殊的操作技巧是因为它还未成为完全的机械，机械的进步所伴随的就是技巧的无用化。不管是谁都知道如何按动电灯的开关，这意味着机械使用者的平凡化。如手工业般的名人气质，在机械工业中毫无意义。但是人尚且憧憬着名人，因此有了围棋或将棋的名人。如此的例子可以无限列举，速度、惊恐、冒险、对野蛮人的兴趣、文明的野蛮化，这些都是对机械文明沉默的抗议，而这些抗议所显示出的正是近代文明的颓废性。

高坂继续说：

我虽然没有深入接触过经济领域的危机，但是现代文明的各种各样的现象已经将机械文明的尽头展现得很清楚了。其自身作为一个巨大机械的文明全体，本来创造出这种机械的人类自身也被卷入其中，并且难以确定是从什么时候开始的，但是这种无意义的、强力的运动却一直持续着。

就像这样,高坂在明确了近代的历史状况之后,依此摸索"如何打破这种僵局"的方法。

"近代的超克"与东方"无"的原理

我们用了大量笔墨来分析京都学派理论家高坂正显的观点。高坂对于近代的定位以及现状的认识,在今天仍有值得关注的地方,而且很多观点也可视为京都学派的先驱。

鉴于此,我们打算更详细地看一看高坂的观点,并打算尽量以引用高坂自己文章的方式来呈现。

不过,关于近代的历史状况,以及应在怎样的方向和如何去超克的问题上,高坂的立论并非十分精彩。当然,高坂作为京都学派的一员,且正值日美开战的节点,其所主张的理论需要具备相应的具体性,所以高坂的理论不能单纯地被总结为一种抽象的理论探讨。即便如此,在原理层面,高坂的"近代超克论"也未超出西田哲学的框架,说到底就是把一切都托付给东方的"无"。

因此,我们先在此大致了解原理层面的方案梗概,关于具体性和实事性的内容,我们留到之后对京都学派与战时思想的关联做批判性考察时再谈。

从高坂自身的概括性论述来看:古希腊的实在是自然,中世纪的实在是神,而近代的实在是人类自身。因此,"被作为形而上学的存在而得到考虑的，恐怕除了自然、神和人类之外就没有别的了。因此其他各种各样的存在都是通过这三种基本存在而派生出来的吧。但是，自然在古希腊时期，神在中世纪时期，人类在近代欧洲，这三者已经被实现了，从这个角度来看，还有在东方残留的形而上学的实在吗？因此东方是不是无法为世界历史的意义带来特殊的存在呢？"——答案当然是否定的。

所谓的东方绝非依据西方所实现的东西混合培养出来的。那么东方的实在性、东方的根本性原理是什么呢？除了自然、神与人之外，究竟还有什么实在的东西残留着呢？如果我们自始至终站在实在的立场，即执着于"有"的立场，那么我们就只能承认，在上述三者之外不可能有任何实在之物残留了。

> 东方的原理正是无。西方的实在，不管是自然还是神，还是人类，根本上说都是"有"的原理。而以"无"为原理的东方当然有着特殊的意义。……东方作为世界历史的前历史，其中当然也有着世界历史的基础，只是世界史的表象未在其中呈现而已。但是今天世界不仅是西方的，同时也是东方的。这是世界真正应作为具体的世界显现的印证。于是东方就像迄今为止所沉淀的堤坝被凿开了一般，渐渐成为世界历史的潮流。而日本正是担负着应成为世界史秩序的主要契机的任务。

对于高坂来说，这正是"世界的真正的无普遍性"和"无作为世界历史的契机出现"的事态。"但这并非易事。"想来"无"是一种颓废的形态，或者说是成为破坏力的形态，想要建设似乎不太可能。那么"无"如何成为建设性的东西呢？"我们有着已经成为'无'的建设性的实例，即日本的艺术等。我们应该将其提升到世界历史性建设的高度。"而能担当这个建设性任务的人，只有高坂所谓的"世界人"。

"以人类为中心的近代欧洲，陷入了失去超越性的自我否定之中。但是这也不可能抹杀人类，人类必须生存下去。而且人为了生存下去，就必定需要超越性的东西。这个矛盾的解决只有通过'无'的原理才有可能。""新的世界秩序"，正是以东方的"无"，以体现"无的普遍性"的"世界人"来建设，并且必须由他们来建设才行。总的来说，这就是高坂为"近代的超克"的实践构想所开的处方。

作为桎梏的国体——天皇制

大部分读者可能对我们前面所述的高坂以及京都学派的理论感到一种强烈的违和感。就前面所述的范围而言，无论赞成与否，都会给人一种似乎并非特别新奇的发言的印象。而且如果大家记得的话，高坂等人的立论和之前我们所说的近代论有相当多的重合之处。总之，一旦涉及近代世界状况的实践性超克阶段，立论就会变得无趣。当然，这与战前和战时的"近代超克论"的思想理论渊源的界限有关，这也是这些理论在原理上存在弱点的原因。

而我们虽打算通过行文脉络来分析其中的状况并考察前车之鉴，但如下的外在因素，我们也不得不在心中留意。

我国在战前和战时关于"近代超克论"的讨论，具有强烈的为日本帝国主义东亚政策和世界政策制定意识形态并将其合理化的特征。当然，类似于"近代的超克即是确立日本在东亚的统治权"，或者"近代的超克即是打倒欧洲列强、实现日本在世界的统治"等说法，这些相似的直接发言与其说特殊，倒不如说是普遍的理论形态。在这个框架内，也并非没有对日本政府或军部的动向进行批判的态度。但是总体而言，确立日本在世界政治、世界文化方面强有力的领导权，是"近代的超克"的前提，也是为日本帝国主义的世界政策制定意识形态的依据，这一根本特点不可否认。

以上所述可能会被评价为过于第三方判断。但当前的问题是"近代的超克"与日本的国体的关系。为实现"近代的超克"，象征着日本国体的天皇制应如何安置？另一方面，那时日本尚未真正实现近代化，当时也存在着只有废除天皇制才能真正实现近代化的有力思潮。在这种情况下，主张"近代的超克"的人应如何处理天皇制的问题呢？理论家们若想无条件认可天皇制或者说日本的国体，也可以明确地打出神谕说。实际上，思想转变的结果中，持那种强硬态度的理论家确实存在。但如果那样就行的话，"近代的超克"这类大命题就没必要了。将"近代的超克"作为论题提出的理论家们，并不认为仅仅无条件服从天皇制或承认这个国体，问题就能解决。当然，理论家当中的大多数确实有着将天皇制国体合理化并尝试创造意识形态的打算。但是，在正统的国粹主义者看来，这种思想也是异端。京都学派尝试将天皇制国体合理化的主张，最终被国粹主义者们严厉追责，"近代超克论"想妥善处理天皇制问题的企图，最终还是无法实现。

理论家们对天皇制国体的问题做了模糊处理，因此"近代的超克"就没怎么谈及关于未来的历史和社会体制的具体问题。关于国体的问题，既然人们已经尝试为现有的国体做合理化的意识形态解释，那么当事人所说的"近代的超克"，最终将不可避免地落入近代以前的逻辑结构之中。

在此之后，我们虽打算在当前问题的脉络中考察以三木清为首的自诩的马克思主义者所描绘的轨迹，但从战前和战时思想的社会状况来看，只要讨论的问题与社会体制有关，那么天皇制国体的问题就始终是一个桎梏，这个事实我们需要铭记。

不仅仅是高坂，京都学派的"近代的超克"理论在所有具体实践方向的讨论中都难免陷入抽象的理论构想，其原因就在于这个所谓"国体"的问题。

但是基于上述情况，我们也应该严格指出以高坂为首的京都学派理论所蕴含的内在悖论和谬误之处。

观念论历史哲学的自我封闭

我们用了初看会觉得有些过分的篇幅来介绍京都学派的代表高坂正显的近代理论及其近代的内在自我否定理论，尽管京都学派是以历史哲学和世界史哲学为重点，但这些哲学宛如密涅瓦的猫头鹰一样，最终未能顺应历史变动的潮流。

高坂将近代的自我否定和中世纪的自我否定进行类比，即中世纪基督教的精神一方面具有否定世界的意向，另一方面具有统治世界的意向，二者之间的矛盾是中世纪没落的原因。与此相似的，是从人类的机械化这一矛盾出发的近代的自我否定倾向。但是，原本中世纪的没落促成了近代的成立，这难道反而意味着带来了否定世界和统治世界的矛盾吗？人们确实可以用否定世界和统治世界的术语和图式来描述欧洲中世纪史的展开轨迹，并且这里可以指出一种"辩证法式的矛盾"。但是，即便作为一种追认性的论述，这种矛盾自身也无法成为中世纪历史展开的动力因。指出辩证法的矛盾本身，别说是历史展开的必然性，就连历史的方向性都无法说明。高坂和京都学派"模仿着黑格尔式的世界史哲学进行描述"，但那个时代的世界史哲学不过是空中楼阁。

这种观念论式的历史哲学的无效性，也即哲学图景的"近代超克论"的自我封闭，在高坂等人论及"近代的超克"的方向以及具体方式时就暴露无遗。

正如之前详细介绍的那样，高坂指出，机械存在论的特质在于，原本作为机械造物主的人类，却反而服从于机械。并且高坂进一步认为，这与资本主义结构相同。进而，高坂认为，若用当时流行的话来说，就是雄辩地描述了"人的异化"的情况。"人类自身创造出机械，却反而变成了机械的一部分"，高坂指出这一点，并归结为近代人类中心主义以及人类自由主义的自我扬弃。但对于高坂来说，即便符合辩证法式矛盾，但在这种情况下，也看不出辩证法的自我扬弃的目的。

如高坂所说，造出机械必然导致人类对机械的服从，那么想脱离这种弗兰肯斯坦式科学怪人，就必须废弃机械本身。因此如果高坂在此主张废弃机械，虽说看上去有些怪异，理论本身倒也算自洽。但是高坂当然不会采用这种卢德主义，他仍想积极地承认机械文明的恩惠，于是他就陷入了自我封闭。

读者可能会说，真正有问题的不是机械本身，而是近代的社会制度，这种批判在某种意义上是正确的。但是高坂会说，近代的社会制度也是人类的创造物，因此可以和机械类比讨论，即人类服从于自身的创造物——社会结构，并成为其一部分，并且仍然可以用这种"矛盾"的结构来解释。因此将社会制度与机械相分离的批判对高坂来说并非本质性的批判。

对于我们来说，有必要回顾"人类并未按中意的方式使用自己的造物，反而服从于自己的造物"这种理论结构。人类被称为机械和制度的创造者，那么此时的人类是何种意义上的人类呢？人类"创造"出了机械和制度，那么"创造"又具有何种意义？

还有说人类"服从"于自身的造物,那么"服从"在对自然性[①]以及主体间性的关系中应如何理解?回顾这些问题,借用现在的话来说,人类的异化为何,又如何产生?对于异化的克服又如何可能?若回溯到这些问题,那么说到底,人类的异化在存在论层面究竟是怎样的状况?这些原理层面的问题应当重新探讨。

用现在的话来说,京都学派的理论家们将近代人的异化视为问题,并主张超克这种异化的历史状况。从这个意义上说,这与1930年代的欧洲哲学动向在根底处一致。而当前的问题是,这种人的异化的存在论依据以及历史社会的依据从何处得以理解,并且从这种异化中脱离的方向和具体方案又应当如何。

从抽象的一般原理层面来讲,京都学派的哲学对于近代人类异化的超克——或"近代的超克"——的理论难免陷入自我封闭,最终将东方的"无"拿出来议论,这比神谕说也高明不了多少。但对我们来说,无论在原理层面多么短视,我们仍有必要分析它是如何服务于日本帝国主义意识形态,以及日本国体和日本世界政治的意识形态的。

[①] 广松涉使用的黑格尔"对自"(für sich)概念的变体。——译者注

第三章 《世界史的哲学》与大战的合理化

> 作为将第二次世界大战合理化的意识形态，高山岩男的理论是如其所是地承认日本国体的"近代超克论"。

我们在第二章中已经大致了解了战前和战时的"近代超克论"的理论旨趣。但通过对前两章的大致浏览，我们仍不太明确"近代超克论"是如何成为"大东亚战争"合理化的意识形态理论的。

现在我们打算看一看，在过去的"近代超克论"中，与日本帝国主义战争意识形态理论相互纠缠的主要论点。实际上，为了了解此意识形态是如何为左翼知识分子的转向指明方向的，我们也会一并讨论其伏线。

按照这个脉络，讨论的便利切入点便是高山岩男[①]的《世界史的哲学》。但在此，我们并不打算详细探讨在京都学派中颇具体系性的高山哲学，而是从我们自身所关切的问题的视角出发，仅仅节选所需的方面。我们只是想在前两章所呈现的脉络中，看一看他是如何美化"大东亚战争"的合理性的。

[①] 高山岩男（1905—1993），哲学家。毕业于京都帝国大学哲学系，当时是该校助教。

《世界史的哲学》的课题意识

高山岩男在1942年9月刊行的《世界史的哲学》的序文开头写道："今天的世界大战绝对不是近代内部的战争，而是超出近代世界层次的，开启与近代不同的时期的战争。"他并进一步言明："今日的欧洲世界大战正式宣告近代的终结，并且必然如此。这件事情意味着我们日本将成为大东亚战争领导者，这一点是毋庸置疑的。"

基于这样的认识，高山岩男把"对近代世界史学根本原理的彻底批判"，和构建新的世界史学视为课题。

不用等高山指出这一点，近代的世界史学是以欧洲为中心的世界史学，因此最多算是一种特殊的世界史，而非真正意义上的普遍的世界史。特别是其将东方的历史作为前史，而认为从古希腊、古罗马开始到中世纪以及近代的欧洲才是真正的历史。以这种视角论及的世界历史被视为常识。对于这样的世界史观，"因此它欠缺以东亚为主体的历史"这样的批判，虽也是一个方向，但并非本质性的批判。想来，所谓世界历史，绝不单单是将各国的历史收集起来的东西。将作为史料选择基准，并把体系性论述规整起来的"史观"排除在外的话，历史学自身也不可能成立。近代的世界史学在某种意义上是自我完结的，"也就是那里存在有一种完成"，这个事实姑且也应被承认。目前，世界史所具有的现实性，是近代欧洲世界的泛世界化倾向。如果世界的泛欧洲化倾向就这样直线前进，那么以欧洲为中心的世界史结构就不得不作为大框架而被承认下来，到那时，我们最多也只是要求关于"前史"的详细记述而已。因此，作为历史事实问题的世界的泛欧洲化已经无法带来进步了。东亚的反抗、西亚的抵抗，在今天已成为历史的现实，因此人类迎来了将欧洲的历史作为世界中一个特殊的历史看待，进而追求真正普遍的世界史的局面。在这里，高山岩男认为："这并不是部分的变更和部分的追加，而是与世界观或历史观相关的根本性变更，这已然成为今天世界史学的要求。"

高山认为，作为一个像样的体系家，在论及"历史的时间是什么""历史的世界结构是怎样的"这类问题的同时，也应论及"世界历史的地理空间性问题"、"文化的循环与没落的问题"、"人种、民族、国民"以及"世界史谱系的问题"等。

对于高山来说，实际上，对过去的欧洲中心主义和欧洲绝对主义的批判态度，以及重新自为化①其存在方式的课题，是所有工作的先决条件。

> 近代欧洲世界扩张的结果是欧洲的文化，即文化的思想被强有力地普及。如果说到历史的发展和进步，那么大家只

---

① 广松涉非常喜欢使用黑格尔的概念"自在"和"自为"。"自为"大致表示一种使之处在被研究的对象之中的含义。——译者注

会想到向欧洲的近代化接近。中国的社会和文化仍处于中世纪的阶段或者至多是接近中世纪的阶段，因此中国也应该资本主义化或者更进一步说必须共产主义化。这种想法，或者说以其为基准的想法，便是基于"欧洲的文化即文化"的无反思立场得出的结论。俄国便是从这种思想立场出发而直接飞跃性地共产主义化了。因此我们也应该批判性地反省，不要将这种思想作为潜移默化的根本前提。

高山认为，应该去除构成历史学基准框架的一连串基础范畴与近代欧洲史实和制度密切相关这一弊端，比如资本主义这个概念就是马克斯·韦伯依据类似的方式规定的，因而古代资本主义和近代资本主义的种差式的限定就被认为是有意义的。并且进一步，也应该批判性地排除把定位于欧洲史才成立的概念作为普遍的规定并认为其恰当这种先入之见。

我们可以引用康德学派的文化价值和高山对其的批判作为便利的例子。高山对于真理价值、道德价值和宗教价值等各方面都做了详细的论究，但我们在这里只引用关于美的价值的讨论便足够了。

我们姑且承认"康德流派的文化哲学是近代欧洲世界普遍的文化论"。但它绝不是恰当的普遍性。高山通过举出以下具体例子来论证这一点。"康德的艺术论认为美的内在性是无目的的合目的性或无关心性，这一点众所周知。"当确立这样的美的标准时，能够被称得上艺术的东西不就变得屈指可数了吗？很明显按康德的美的定义来看，只有古希腊艺术和作为其源流的东西，可以被看作艺术。想来，埃及、波斯的艺术，以及印度、中国和日本的艺术也绝不单单是无目的的合目的性，即古希腊式的调和的美，也不单是因"无关心性"的纯粹感情而成立的东西。一般来说，东方的艺术其根底都有着宗教性的关切，按照康德的标准，这些艺术如果想成为真正的艺术，就必须舍弃宗教的关切，而成为无目的的合目的性，说到底也就是站在纯粹感情的立场上。也就是说"必须舍弃固有的模式和价值，而归一于古希腊艺术"。我们为了避免陷入这种愚蠢之中，应该重新构建真正世界史的恰当的普遍性概念。

高山依据这样的考察，尽量慎重地设定概念的框架，并且排除无意识的世界一元论，尝试"自觉以世界多元论为中介的立场展开更高级别的一元论的世界史论"。

现在我们在这里没有时间复述高山庞大的理论结构和具体的立论内容，而只考察和"近代的超克"相关的内容。

历史的地理性与"天人合一"

近代的史学以进步史观为根底，将历史学的本质理解为时间性的。但时间性对于历史性来说并非充足的必要条件。历史能够作为历史而成立，毋庸置疑，依靠的是"我们人类主体的能动性",所以,"作为历史性本质的主体的能动性,除了精神的自主性以外,也存在着与身体相关的东西","人的主体的行动,不外是以身体为中介的精神与自然的综合,如果没有这样的综合结构,就不能称之为主体的行动"。

依据高山的历史概念,"历史性和所谓单纯的时间性的区别,实际上是人类的精神的空间性及其行为的综合,历史通常具有时间和空间综合的结构。如果将历史性特别地理解为时间性,那么空间性一般就是地理性。在这个意义上,历史通常可以被理解为是依据地理和(主体)行动的综合而成立的东西……历史不能离开地理,历史和地理具有密切的内在关系"。

读者当中可能会有人直接联想到和辻哲郎[①]的《风土》的序言当中所写的内容,"用时间性来把握人的存在结构的尝试(海德格尔)对我来说是非常有意思的,但是将时间性作为主体存在结构而活用起来的时候,为什么不同时把同样作为根源性的存在结构的空间性也活用起来呢?这对于我来说是成问题的"。——对于高山来说,不可否认,和辻哲郎的风土论和之后讨论的日俄战争观合并起来,可以被视为触发高山思想的一个契机。另外,

---

① 下文来自《和辻哲郎全集》(岩波书店)第八卷,第20页。[和辻哲郎(1889—1960),日本哲学家、伦理学家、文化史家、日本思想史家。以《古寺巡礼》《风土》等著作闻名,其伦理学体系被称为"和辻伦理学"。历任法政大学教授、京都帝国大学教授、东京帝国大学教授。日本伦理学学会会员。——译者注]

高山的理论和战后的梅棹忠夫①所提倡的文明的生态史观也包含相通的部分,读者可能会将其视为相同的。但高山的历史哲学绝不是风土史观。

高山针对"将人类的历史事实简单地理解为理性的精神的本质的理想主义(观念论)和唯心主义"的立场,有力地提出了历史的地理性,同时也排斥"地理决定论的谬误",而采用地理可能论。即便如此,他也没有直接采用保罗·维达尔·德·拉·白兰士②和吕西安·费弗尔③的理论。——风土式的地理环境并非地理决定论者所认为的必然性的体系,而是一种"可能性的体系"。

但是这种可能性并非客体存在的范畴。它应被规定为与人类主体的自由性和实践的自由相关联。地理的可能性向地理的现实

---

① 梅棹忠夫(1920—2010),日本生态学家、民族学家、信息学家、未来学家。日本国立民族学博物馆名誉教授、综合研究大学院大学名誉教授、京都大学名誉教授。曾任日本中东学会首任会长。——译者注
② 保罗·维达尔·德·拉·白兰士(1845—1918),法国地理学家,法国近代地理学奠基人。1866年毕业于巴黎高等师范学校。曾先后担任南锡大学、巴黎高等师范学校和巴黎大学教授。认为地理学应研究各种相关现象的因果关系,并通过对地表不同部分的比较和分析,找出其联系的一般法则;主张通过具体区域研究人地关系,是法国区域综合学派的奠基人。——译者注
③ 吕西安·费弗尔(1878—1956),法国历史学家,与马克·布洛赫皆为年鉴学派的创始人。注重地理环境对于人文的影响,描述地理环境与人类历史的紧密关系,但他更注意的是"人类地理学",即注意地理环境对人类的影响,人类行为又将如何参与地理改造。——译者注

性转变，环境与主体相互呼应、相一致，如今"在我们身边的自然是通过漫长岁月中人类的劳动成果，而已经依据人类发生变化的历史的自然、文化的自然"。地理式的风土环境不只是客观的存在，说到底应作为历史性的东西被理解。并且依据这种实践性的规定，历史的地理性便成为问题。高山的立场，概括而言，是依据"自然和人类的相互统一""环境和主体的相互统一"而成立的，在这个意义上可归结为一种"天人合一论"。

这个天人合一论所谓的"环境"并非狭义上局限于地理的自然条件的东西，而是每个时代的每个人在历史中，在依照所给予的条件进行实践的基础上形成的一种文化性生态。

因此高山把创造的被创造和被创造的创造[①]作为历史展开的这种动力主义，定位在环境的可能性的诸条件与作为主体的人的实践之间依情况而相互中介之中。对于高山来说，纳粹德国的理论家们所采用的"种族主义的历史观"理所当然应严厉排斥。这种人种主义将种族这种东西实体化，"并将其理解为历史和文化的决定性因素，这点在学术上应被视为谬论而遭排斥"。但即便如此，也不能把单纯的每个人当作历史的主体。毕竟历史并非把所有人的传记总和在一起。在此高山认为被历史创造的和创造历史的主体是"民族"。

---

① 化用自斯宾诺莎的概念：造自然的自然（Natura Naturans）和被自然所创造的自然（Natura Naturata）。——译者注

但是这种文化史概念的民族,以及作为政治史概念的国民,最初并不能被视为一种实体的东西。"民族并非一种非历史的自然发生物。民族并非所谓的人种,民族是一种文化的形成物,是一种历史的产物。"因此设想一种民族有机体,并描述这种巨大生物的自我展开过程的历史,不能成为问题。况且也不允许将这个有机体的发展、成熟、衰亡的历史展开的法则性视为"文化史和政治史的循环性"。

关于这一点,高山搁置了斯宾格勒在《西方的没落》里的方式。"西方的没落"是必然的,但并非因为斯宾格勒所说的理由。不是因为西方这种"生物"的寿数已尽,所以灭亡。依照高山的看法,西方的没落正是世界史的动力所推动的。

那么关于历史运动的动力因究竟是什么呢?高山引用了兰克[①]的"道德能量"的概念,来阐释他的地人合一乃至天人合一的学说。高山并非全盘接受兰克的"道德能量"的概念。为了明白其中的微妙之处,我们的步骤是,先大致了解高山所述的导致西方的没落和东方的觉醒的天人合一的具体内容,然后考察《世界史的哲学》是如何成为"圣战"的意识形态的。

---

① 利奥波德·冯·兰克(1795—1886),19世纪德国最重要的历史学家之一,也是西方近代史学的重要奠基者之一,被誉为"近代史学之父"。他主张研究历史必须客观地搜集研读档案资料,如实地呈现历史的原貌,他的这种史学主张,被称作"兰克史学",对后来东西方史学都有重大的影响。——译者注

"世界史的世界"与世界大战

为帝国主义战争赋予意义,于今天的我们而言并非有趣的话题。即便如此,我们也应努力不歪曲事实,并将当时讨论的氛围传达出来,所以我还是想用引文加以说明。

对于现代世界史的形成具有特别意义的,是唤起现代世界史的先行时代,即近代欧洲向世界扩张的历史。通观从19世纪至20世纪初欧洲列强的历史,我们能够看到一个根本的趋势,那就是此前欧洲扩张并统治殖民地,以及资本主义为获取经济的立足点而发展成为帝国主义。与此相对应的是,殖民地成为欧洲生存与发展不可或缺的重要因素。欧洲列强统治外部世界的经济和政治,就是将世界变为工厂。并且为了世界工厂的运转,需要获取世界的资源。欧洲各国资本主义的生产越是推进,其资源就越难以仅依靠欧洲内部,而不得不向欧洲以外寻求。而且不单单是生产的原料,机械文明的进步带来生产方式的巨大变化,因此,资源必须依赖欧洲以外。欧洲的生存可以说达到了离开欧洲之外便很难维持的地步。

欧洲离开欧洲外部就无法生存的状况,反过来说,意味着"欧洲对欧洲外部的依存性增强了"。"在此,我们伴随欧洲的扩张所带来的奇特命运,能够考察出世界历史转变的方向。我认为在这个现象中,可以看出现代世界成立的重要因素,欧洲的世界扩张,必然导向欧洲对世界的依存性,我们可以从此处看到现代世界史的开端。"——在此,高山指出,当下,这正是从欧洲唯一主义的特殊世界观,向真正普遍的世界历史转变的现实依据。

但是,仅从欧洲对全世界的依存性,就能得出欧洲中心世界的框架正在变化的结论吗?在此,高山举出"形成现代世界历史的第二因素,是亚洲对于欧洲扩张的抵抗态势"这一主动性因素。

依此脉络,高山认为首先应阐述"日俄战争的历史意义"。

不必畏惧地说,日俄战争是我们日本为阻止俄罗斯向东亚的扩张而赌上国运的壮举。战役的结果是,亚洲击败了当时最大的陆军帝国,并展现了日本在海上的力量优势。这场战役对世界历史意义重大。日俄战争是作为亚洲前端的岛国的日本击败了欧洲强国的战争,这表明了自维新以来,日本对欧洲的抵抗力的不断增强,证实了日本作为对抗欧洲重要势力的地位,并让一向强势的世界欧洲化趋势遭受极大挫折。日俄战争是标志世界欧洲化之不可能的重大事件。换言之,它是开始否定近代欧洲史根本趋势的最大事件,并确立了对于东亚的安定来说的日本的指导地位。日本并非单单作

> 为日本自身,而是代表了亚洲各民族,展现了相对于欧洲内在化的亚洲的超越性……通过这场战争也能确定日本对于亚洲的领导地位。

高山如此强调日俄战争的"重大意义",却把日俄战争归结于"东亚对欧洲化的抵抗"这一消极意义之上。

无论如何,就彰显现代世界历史的世界性而言,相较于第一次世界大战,第二次世界大战更为显著。关于其中的历程,高山做了如下论述。

接下来对于欧洲第一次大战,"我们不得不重视的事实是,几乎全世界所有国家都参与了这次世界大战,包括东西方的全世界在真正意义上统一成为一个历史的世界,这是已被证实的事实。与此同时,通过这次大战,世界成为具有越发紧密关联的历史的世界,这一事实也不得不留意。战争的根本原因是帝国主义之间的争霸,并且这一原因传导至经济社会、政治、外交等方面,以及事实与理想方面无法相容的思想原理之间。构成近代欧洲世界的基本原理是自由主义,并以这个事实和理想的协调为基调,但结果实际上不如说是两者的分裂。一方面,自由竞争必然带来弱肉强食而产生的权利不平等,但另一方面,以自由意志为原理的人格主义式的形式道德的理念被理解为通用的东西。自由主义的根本原理无法与无内容的伦理理念和权力横行的事实相结合,无法带来让世界永久和平的实质性道德力量。大战让这个原理所包含的矛盾如实展现出来，并且因此也当然应该有取代这一原理的新的根本性原理产生，我们应直面这一机会"。

不单是揭示出这样的机会，"第一次世界大战结束之后，确立的凡尔赛体系并未建立相对于这个根本原理的任何新的世界观，而完全立足于最终导致大战的近代性原理之上"。并且这被称为盎格鲁-撒克逊的世界支配秩序。但世界历史的趋向并非如此。如今，近代的世界秩序总体正有着寻求新原理下再构成的强烈冲动。

而其开端，依据高山的想法，只能是作为第二次"欧洲大战"的"大东亚战争"。若果真如此，如今发出呱呱之声的、世界史的历史的新理念究竟具有怎样实质的内容呢？代替近代世界史的现代世界史的原理又有着怎样的前景呢？

"大东亚战争"与"近代的超克"

在已叙述的范围内，关于高山是如何将"大东亚战争"定位在历史世界趋向之中的，我想其理论的大致轮廓已浮现出来。但鉴于东亚特殊的世界历史，我们至少应回顾日清战争（甲午战争）之后的中日关系，并理解第二次世界大战的复杂结构。

高山以"防止中国陷入被欧美列强瓜分的危险"来使甲午战争合理化。即便如此，他也无法否认"我国对中国的行动也可解释为帝国主义侵略"。"那么，我国为何一方面努力防止中国被瓜分，同时又做出阻碍中日和平的行动呢？在此，我们必须认识到，存在着令人悲哀却难以避开的历史性依据。"高山主张，对于欧美而言，作为后进国的日本，为获取能与欧美列强抗衡的实力，"我国的经济必须向中国发展，我们有这样特殊的权益"，并且，"维持这种特殊权益对日本的生存意义重大"。高山认为这便是缘由。

相对于欧美，我国有经济上落后的难处。在此，日本对中国的行动缺乏一贯性，一方面帮助中国抵御欧美入侵，另一方面，日本也有着不得不与欧美做同样事情的原因。同时，未从近代工业资源中获益的日本经济对欧美有依存性，因此虽自觉意识到日本对于世界历史的使命，但正面抗衡不可能，面对英美的压迫，日本必须做出一定程度的屈服。为实现日本在世界历史的使命，反而必须向欧美做出一定程度的妥协，且无法实现中日间必要的亲密合作。在此，日本有窘境和苦衷，这也是东亚悲惨的命运。

在此，高山一转此处的"申辩"，做出了以下发言。为明晰高山的态度，我打算做稍长些的引用。

中国未理解日本因在世界所处的地位而产生的苦衷。中国未深刻意识到现代世界历史一以贯之的根本趋势……中国政府因使中国殖民化的《九国公约》而逐渐被欧美牵制，以致出现对我国的对抗态度，最终导致七七事变的发生。因顾及东亚的安定，我国采取不将事态全面扩大的方针，但中国政府未接纳，致使事变全面扩大。中国的事变以及在东亚的中日战争，本质上是日本与英美的对抗，因此也是一场世界大战。

如我们所见，在此文中，高山简直就是日本政府的发言人，甚至可以说，是在鹦鹉学舌般重复日本政府的公开声明。这里高山称"日本希望与中国合作以努力建设世界秩序"，认为"真正的敌人是英美支配的东亚旧秩序的政府"，并附言道，"日本政府早就宣称敌人并非中国民众，且中国事变的目的是建立以东亚持久和平为目标的新秩序"。

但作为哲学家的高山，不能仅做"政府的发言人"。高山认为，世界历史的一般性尚未实现，而是存在作为特殊世界史的欧洲、西亚、东亚三个部分的世界历史。这些特殊的世界，绝非该地区各个国家历史的集合，而是各个国家间具有有机联系性的统一体，所以当下的历史局面，不能再局限于国家这种旧有领域。依据这样的历史现实，高山"哲学式地"将"大东亚共荣圈"合理化。

"随着近代机械文明的发展，国家的存在依赖必要的军事和经济资源，因此要求国家必须超越原有国土的限制。换言之，国家要从旧有观念的国境线中超越出来，而追求所谓的生命线。"对于此现象，高山认为"这是经历过近代国家阶段，以资本主义立场为中介的现代国家的基本特质"，"在此被称为'共荣圈'或者'广域圈'的特殊世界，与所谓帝国主义意义上的结构不同"。因为这种特殊世界"既非国家，也非国家的联合，甚至不是近代意义上的帝国"，"这种所谓的特殊世界，一方面仍是由多个国家组成的历史性世界，但另一方面，这个世界以地理、历史、经济等的关联性，以及人种、民族和文化等的亲近性为基础，并要求在此基础上建立紧密的政治性统一"。这种政治的统一性要求由特定国家作为领导者而构成，并且这个构成的基本原理要求一种"不同于近代欧洲统治的道义原理"。

"大东亚共荣圈""并非自主的、契约式的联合，也不是在权力下的强行结合，而是以地理及命运的共同纽带为基础，并依照新的道义式的原理结合在一起的特殊世界"。高山认为要建设这样的"共荣圈"，除"大东亚战争"外别无他法。

并且第二次世界大战也包含欧洲列强之间战争的因素，正因"大东亚战争"被编入第二次世界大战的脉络中，"大东亚战争"才被视作全世界规模下"近代的超克"的现实化。

依高山的观点，在东亚，"九一八"事变发展为七七事变，"东亚的旧秩序正在转换的同时，欧洲那边也逐渐形成了转变旧秩序的气氛。国际联盟立足于近代世界观的旧原理，以维持第一次世界大战胜利者英法的势力为中心构成。因此被阻止自然生长的国家"如意大利和德意志公然奋起反抗欧洲的旧秩序。"意大利和德国在大战后遭受疲敝，且陷入对战后出现的共产主义运动的苦恼中。他们自力更生，舍弃近代世界观，立足于新的世界观，尝试发展新生的国家"，"并逐渐形成想维持旧秩序的国家群体和想打破旧世界的国家群体，在亚洲和欧洲共同形成强化新的世界历史趋势的主体"。现今的世界，还存在着与这两个国家群都拥有不同世界观的苏维埃联邦，这三者呈现复杂且紧张的对峙关系，并成为此次大战的战端。

"这次大战与第一次世界大战意义截然不同，第一次世界大战是欧洲列强帝国主义争霸的结果，而第二次世界大战是对英美维持自身帝国主义进行的斗争。因此这里贯彻着崭新的世界观和崭新的道义理想。这种新世界观和道义理想，我国与德国以及意大利未必相同。我国向内外宣称，因国家自身历史的传统和地域的特殊性，所结合的各个民族、各个国家有着各自的利益诉求，由此形成新世界秩序建设应有的道义原理。这种道义原理与近代欧洲的自由主义和个体主义的形式伦理意义不同，因而也有不同的世界观。德国和意大利的新世界秩序原理，我想也可归于同样原因。因而在现代世界历史的转换中，展开着孕育新的道义原理和世界观下新的国家文化经济的要求。""欧洲对非欧洲区域无休止的扩张，也就是西欧近代资本主义，西欧机械技术和西欧的近代科学，西欧的个人主义、法治、政党、议会主义等欧洲的文化向世界的普及，以及与此相伴的，成为这些基础的非欧洲地区的

57

殖民化，近代世界的历史建立在这种令人惊讶的事实之上……打破欧洲世界史外再无其他世界史这种观念的，正是现代世界史的事实。并且在这种世界历史的转换中，我们日本扮演着最为重要的角色。从无论如何都要维持欧洲近代世界史旧秩序的国际联盟中退出，是对于这个转换具有划时代意义的世界史事件。"这与"九一八"事变和七七事变相结合，"鼓励了意大利和德国从国际联盟中退出，并极大地动摇了近代世界史的秩序，以致发展出今天的欧洲大战。并且在中国事变（七七事变）中活跃的同时，我国也向想要维持近代秩序的英美宣战，这正是世界历史转换进入了极其清晰的道路和决定性的阶段。对于当今世界历史的转变，起着主导作用的实际上是我们日本"。——高山如此高调宣称。

通过摘录高山岩男的文章，这一点变得明晰，即高山岩男的《世界史的哲学》是以怎样的脉络为"大东亚战争"以及第二次世界大战的轴心国一方的战争目的及其政策进行意识形态辩护并使其合理化的。虽说为分析战前和战时的"近代超克论"如何成为日本国体合理化的意识形态，有必要探讨日本浪漫派以及《文学界》团体的思想，但到将大战合理化的高山历史哲学这里已足够。

在此，对于我们而言，有必要分析"大东亚共荣圈"这种京都学派哲学式强词夺理的理论结构的诸因素，是如何成为过去左翼知识分子的陷阱的，也有必要为如今自称"左翼"的人排除可能的绊脚石。

关于这个主题的工作，只能留待日后进行，但关于京都学派的历史认识，以及作为补充性形式的资本主义批判的相关论点的具体化形式——东亚革命战略构想，还有类似的企图是如何轻易堕入日本法西斯道路的，聪慧的读者想必已看出大致的因素了吧。

第四章 战时"日本思想"批判的一里程

> 平野谦对于战时"近代超克论"相关谬误进行了自我批判，并提示了重新评价的方向，但依然是企图用他们的谬误来借鸡生蛋（发表自己的观点）。

我们在第三章已用相当篇幅讨论了战前、战时"近代超克论"的论题与论点。在这里，之所以用大量篇幅考察作为"近代超克论"统一战线三个流派之一的京都学派的所述内容，是因为日本浪漫派和《文学界》团体的意向与轨迹大致已为人所知，相反，京都学派的相关内容几乎被置于遗忘的深渊。而对于其在批判席中的位置，想必是必须要考虑的。即便在前两章的叙述范围内，恐怕也会冲击无战派读者对于京都学派立论被矮小化的既有观念，并让他们意识到，京都学派的历史哲学，即便在当今的思想状况下，也可能成为新的陷阱因素，从而产生新的惊愕与警戒之念。

对于过去的"近代的超克"理论，为判断其中京都学派的实际状况，并与其正式对峙，我们需要更多的综述与评论。但这种详细触及他们论题的讨论方法，或许会勉强读者们做一些无用的忍耐。即便不得要领，但通过前三章，大体轮廓也已浮现。因此往后，我们应努力将自己的批判视角自为化，同时综合对"近代超克论"批判的先行理论，补充必要的论题与讨论，以这样的方式更全面地展开议论。

读者中或许有人认为，在此我们会对竹内好的经典著作《近代的超克》①中的思考进行再思索，并从战时"近代超克论"的新立场重新考察。有这样的预想很正常，但对我们来说，在采取那种方式之前，有必要先拓宽我们的视野。

首先着手的前提工作，是平野谦关于昭和文学思想史的讨论，这被称为"平野巨大失态的自我批判"，将其作为讨论的切入点是很方便的。

平野谦的前车之鉴与再出发

平野谦在《每日新闻》登载的《昭和文学私论》②中，对我们在第一章作为主题讨论的《文学界》杂志座谈会——"近代超克论"进行了相关评论，并做出重大的自我批判。

---

① 竹内好《近代的超克》（筑摩书房，1983年9月），收录于《竹内好全集》（筑摩书房）第八卷。另外，《近代的超克》（富山房，1979年2月）也被收录于1943年的单行本《知性协力会议 近代的超克》（论文和座谈会）的复刻本中，并增加了松本健一的解说。
② 之后，平野谦以《昭和文学私论》（每日新闻社，1977年3月）刊行。并未收录在新潮社出版的十三卷《平野谦全集》中。

平野的自我批判，是针对自己在《文学界》的"近代超克论"于1943年刊行单行本时所写的书评。他在时隔31年后重读时坦言："这一书评与我的记忆几乎完全不同，我感到极为震惊。"依平野的记忆，他本打算在犹豫的同时，写下《近代的超克》未将资本主义的克服作为问题这一情况，但是"此次重读之后，我惊讶地发现自己完全没有这样写"。

这种记忆错误的基础，源于战时"近代超克论"未将对资本主义的克服作为问题这一印象。

按战后的"常识"，在战争时期的日本，对资本主义的批判或许是一种禁忌，因为在战前和战时，政府对共产主义者、社会民主主义者以及自由主义者进行了极其残暴的镇压。想到这一点，认为对资本主义的批判是禁忌也在情理之中。但是若说对资本主义的批判在当时完全是禁忌，不得不说，这对战前和战时日本思想界的状况和实际，完全是一种错误的印象。

确实，在战时，支配日本的日本法西斯和作为社会党左派出身的墨索里尼所领导的意大利法西斯，以及以国家社会主义自称的德国纳粹完全不同，因此也并未标榜要打倒资本主义制度而确立社会主义制度。（关于法西斯和纳粹的讨论可参考我的著作《马克思主义的理路》中收录的《全体主义意识形态的陷阱》[①]。）

[①] 可参阅广松涉：《马克思主义的哲学》，邓习议译，南京大学出版社2019年版，第444页。——译者注

但是，姑且抛开在野的日本法西斯的其他团体所提出的打倒资本主义的纲领，看一看《确立经济新体制纲要》，也就是陆军主流"统制派"和当时被称为革新派官僚群体的情况，也能表明其对旧有资本主义有一定批判并试图进行革新的意向。即便不翻阅当时的综合杂志，也能明白对资本主义的批判并非完全是禁忌。若不铭记这样的基础历史事实，那么针对战前和战时日本思想的内在批判便无法进行。当然，问题在于对资本主义批判的实际内容。他们如何理解资本主义的本质以及应在何种方向上扬弃资本主义，这些才是资本主义批判理论的思想要点。虽然都被称为资本主义批判，但有进步的理论，也有倒退的理论。从这个角度分析，战前和战时的右翼思想以及"近代超克论"对资本主义的批判，说到底并非对资本主义真正的批判。并且更不用提及，他们对真正的左翼的资本主义批判的封杀和压制。

在战后"常识"中，说起在战争中对资本主义的批判是禁忌时，必须指明是从科学社会主义立场对资本主义的批判。然而，在战后这一代人的常识中，不知何时起，根植了战时日本镇压一切自诩资本主义批判的既定观念，而这是对昭和思想史事实的误认。倘若安于这样的常识，那么对日本法西斯就会毫无防备，而一旦潮流有变，我们也不得不提防以伪装成战前和战时的"近代的超克"变种形式出现的法西斯主义。

松本健一①在前些日子的《黄昏中的蝙蝠和乌鸦》(《读书人周刊》第1061期)中写道:"战前的日本法西斯概念,如今虽是常识,但当时,即便被视为法西斯元凶一派的青年将校,也否认自身是法西斯主义,这一事实我们不得不留意。""日本法西斯是在否定法西斯的同时得以确立的。今时今日我们必须留意这一点。"我认为这是十分恰当的批评。

日本法西斯形态的形成是"偷鸡不成蚀把米"。回顾法西斯通过对自身的否定来构建自身的过程,松本健一指出:"现如今整天喋喋不休地说着危机,嚷着军国主义征兆的家伙,总有一天会成为法西斯的核心人物","而这些人表面上是不会承认自己是法西斯的。他们会以某种新的形式登场,历史完全是同样状况的再现。可以说,这种新的东西是以否定法西斯的形态在历史中登场的,到那时,现在所宣扬的法西斯否定论几乎不起任何作用,倒不如说法西斯会吸纳这些法西斯否定论为自己助力。而作为知识分子,我们必须击破这种思想,在思想界也不能退缩"。②笔者对此深表共鸣,并且这也是我写这本书时的课题意识之一。

在此,我们差不多可以开始考察平野谦了。"依我的记忆,我本打算反对'近代的超克'座谈会的全体意向。我犹豫再三,还是打算写下,在出席者之中,奇怪的是竟无一人就资本主义发

---

① 松本健一(1946—2014),日本评论家、思想家、作家、历史学家。丽泽大学经济学部教授。——译者注
② 松本健一《时代的刻印》(现代书馆,1977年5月),第255—256页。

表言论……当然，一般提及克服资本主义社会时，与建设社会主义社会互为表里。话虽如此，在1942年那个时期，明确提出这一论点是不可能的，这一点我也清楚。但是，在日本已确立资本主义社会的基础之上，对于其的克服也不应是'八纮一宇'[①]之类的咒语形态，我想哪怕是拐弯抹角，至少也应该有一人说些什么。因此，我对将近代作为中心论题，而出席者中却无人对资本主义发言这件事感到奇怪，我本打算这样写，可这次重读我的书评时，发现完全没这样写，我很惊讶。"（《每日新闻》1974年9月25日晚刊）[②]

正如大家所见，平野坚信在《近代的超克》中，没有一人对资本主义做相关发言，并且，他记得他在书评中批评性地写下了这一点。在此，平野把打算写而没有写的内容的记忆差错视为问题，对我们而言，平野有没有写这件事本身并不重要。对平野来说，他或许在"这被遗漏的部分，是决定当时的我对近代的超克座谈会，是持否定性接受还是肯定性接受的关键"的意义上深入思考着。然而对我们来说，不得不对"近代超克论"在当时"谁也没有对资本主义有任何发言"这一错误的认定和记忆表示怀疑。这一点对当时"近代超克论"的思想性认定有重大关联，但平野至今仍未察觉这一关键处存在记忆错误。

[①] "八纮一宇"，意为天下一家、世界大同，是日本"二战"时期提出的服务于军方侵略政策的口号。——译者注
[②] 平野《关于〈近代的超克〉》，前引书第443页。

我们暂且承认，这种记忆错误或记忆的改变从第三方视角考虑，是能够被谅解的。

首先要考虑的是，在《近代的超克》单行本发行时，《文学界》杂志上登载的铃木成高的《近代的超克备忘录》一文未被收录。①如本书第一章所述，铃木在这篇作为讨论课题而正式提出的论文中写道："所谓近代的超克，就是在政治上超克民主主义，经济上超克资本主义，思想上超克自由主义。"他梳理了这些应被讨论的课题，并提出了建议，然而随着座谈会的进行，铃木的提案被无视了。（竹内好对于单行本中未收入铃木的论文给出了推测性的理由，"铃木在座谈会中不太愉快，所以他拒绝刊登自己的论文"，我认为这是恰当的推测。）不用说，结果是在座谈会中，几乎未讨论有关资本主义的问题，而资本主义这个术语虽在铃木和津村秀夫的发言中能看到，但缺少以资本主义的超克为主题的讨论，这可理解为平野不满及记忆错误的第一个原因。

其次能想到的因素，可能源于与《文学界》的座谈会齐名的《中央公论》杂志的另一个"近代的超克"座谈会的差异。《文学界》1942年9月和10月号的"近代的超克座谈会"是以杂志同人为中心，并邀请京都学派的西谷启治和铃木成高共同举办的座谈会，而《中央公论》在1942年1月号、4月号以及1943年1月号所刊载的座谈会，邀请了高坂正显、铃木成高、西谷启治和高

---

① 本章的第一个注释中的富山房版《近代的超克》也没有收录铃木的论文。

山岩男这四位京都学派的学者（标题依次是《世界史的立场与日本》《东亚共荣圈的伦理性与历史性》《总力战的哲学》）。这个座谈会也在1943年3月，即《文学界》单行本发行四个月前发行了自己的单行本。^①将两个"近代的超克"座谈会的记录加以比较，会发现《中央公论》那一方有关资本主义的发言屡见不鲜，而《文学界》，如我们之前所说，几乎没有。这种巨大的落差或许给平野留下了深刻印象，成为其记忆错误的原因。

第三个方面可能是平野当时心理上的波折，并与战后的波折交织在一起，在此我们不便过于直白地阐述。

平野的记忆错误是可以被谅解的。但无论如何，"资本主义"一词在发言中是否被提及这一记忆错误，对我们来说不能仅当作单纯的事实问题处理。

对我们而言，不得不探讨的问题是，平野认定《近代超克论》中完全没有关于资本主义超克的问题意识，这与过去"近代超克论"的思想立场和认知方式有关。并且同时，他还深信，在1942年的日本，就资本主义的克服这一论点不能公开发言。不仅针对"近代超克论"，将此视为平野对战争时期日本思想以及昭和思想史（包括文学方面的思想史）看法的基本框架和坐标系，也不会有太大差错。

---

① 高坂、铃木、西谷、高山《世界史的立场与日本》（中央公论社，1943年3月）。这本书的第一版印了15000册，但据说因为军部施压而没有再版。

平野自己对这个记忆错误似乎相当震惊,在《每日新闻》的下个月以及下下个月都写了相同的论题。①当我们考虑到平野的《昭和文学史》可说是昭和文学史(文学思想)的一个基准,具有权威性时,这件事就变得十分重要了。平野准确的记忆力很早就得到过评价。据他自己的记述,《昭和文学私论》也"几乎是依照自己的记忆所写"。因此关于"近代的超克",结合上述的记忆错误,平野自己写道:"我本打算在书评的最后引用明治天皇的歌作为结尾,但完全没有","我个人感到非常茫然,不知所措"。"即便我的记忆不算太好,我私下有这样的自信,我的记忆还是相当准确的,可现在这份自信动摇了。这篇昭和文学的小论文也是,好像也是依靠我自身的记忆写成的,如果那份记忆存疑,那我不得不脱离现有的基础了。"

可是相信平野的昭和文学思想史,并以此为依据的人是如此之多!那么我们也和他一样,"不得不脱离现有的基础",而且平野的记忆错误这件事,与其说仅是个别史料方面的,不如说可以断定是涉及整个昭和思想史的坐标式框架的。

"近代的超克"与实践的含意

在讨论战时日本的"近代的超克"时,绝不能将其仅视为简

---

① 平野的《中村光夫的问题提出》《龟井胜一郎的问题点》两篇文章都收录于《昭和文学私论》。

单的哲学讲座，况且，像"近代文学的克服"这类，也不只是单纯的文学座谈。他们极力强调要为历史性实践的事件发声。正因如此，它才在战时形势下作为体制的意识形态，"出乎意料地"成为一种潮流。

为确认其中的情形，关于"同时超克美国主义和社会主义"的日本浪漫派的保田与重郎[①]的理论旨趣，以及象征京都学派理论旨趣的"政治上超克民主主义，经济上超克资本主义，思想上超克自由主义"的铃木的发言，是如何在战争时期成为日本法西斯体制的意识形态的，这一点必须结合当时的政治、经济和社会形势进行分析。当然，无论何种为体制服务的意识形态，通常都肯定要对现状设定某种批判的距离，只有如此，它才能发挥思想提议的作用。从对政治、经济、社会状况的分析中，直接导出意识形态的各种形态也是不可能的。当然，在此意义上，就必须考虑历史的和社会的状况与意识形态之间的相对距离，并且也不得不综合各种相互矛盾的意识形态样态。

对我们来说，通过讨论，这些课题都应有所涉及，但我们绝不能忘记的事实是，在"近代超克论"中，有关资本主义超克的志向。先不论平野谦，从我们的视角看，各个论者的资本主义超克论，都并非真正对资本主义的超克，然而这些论者自身的确是

---

① 保田与重郎（1910—1981），毕业于东京帝国大学美学科。日本浪漫派事实上的代表人物。可参考本书第八章。

将资本主义的超克作为一个因素来讨论的，如果无视这一事实，就会偏离所谓日本法西斯与"近代超克论"的思想关系问题。

目前，如果我们设定以批判战争时期日本思想为目的的视角，那么基于平野谦之前做出的自我批判引出新的论点是很方便的，因此我们还会解读一些平野的新论点。

至于为何平野会占据如此多的篇幅，其中一半的原因，是因为有平野的信徒和知己就本书的一些议论向我提出质疑。所以我想，因被日报上的权威性论述以及被"大家"的理论迷惑而嘲笑这本书的读者应该不少，因此我反倒想试着反问平野谦。

基于记忆错误而意识到还有其他错误的平野，重新读了一遍龟井胜一郎的《关于现代精神的备忘录》、下村寅太郎的《近代的超克之方向》、中村光夫的《近代的困惑》等用作讨论材料的论文，然后说："我最想说的是中村光夫的《近代的困惑》这篇论文。"他想说的核心是："作为这个座谈会的发起者的龟井胜一郎和中村光夫，虽然引用的都是近代超克这个标题，但问题意识和结论几乎是对立的。"

之后平野也对臼井吉见的理论[①]进行了回顾，并想到，中村光夫的《近代的困惑》和在昭和10年代展开的无产阶级文学批判可能有着相同的理论旨趣。

---

① 理论出自臼井吉见《与丹羽雄文的事一起》，《田螺的呢喃》（文艺春秋，1975年11月），第39页。[臼井吉见（1905—1987），日本编辑、评论家、小说家，日本艺术院会员。——译者注]

按照平野的观点，中村的无产阶级文学批判，"是与当时所谓1932年纲领①一脉相承的东西"，若具有相同理论旨趣，"那么也就是说，中村关于近代的超克的主张与纯粹的欧洲资本主义不同，他认为日本以天皇制为顶点，是半封建时代的东西，而欧洲末期的近代的超克的问题意识，对当下的日本而言并非重要问题，倒不如说是否向西欧正统派的资本主义社会改革，才应作为日本独有的问题意识重新提出。"

平野自己也承认，"若如此，即便我当时做出了没有一个人就资本主义发言这样的批判，我的评语也是遗漏了中村光夫的观点，因此是完全不恰当的批判"。

如大家所见，平野依旧认为"没有一个人就资本主义发言"，他仍未意识到这份记忆完全不符合事实。但在此，我们不再将错误记忆视作问题。当前的论点是"基于近代文明的结构主义所带来的危害，即立足于所谓国际化（共产主义化）的认识之上的龟井胜一郎的'近代超克论'"与中村的观点相对立，平野支持上述的重新认识。

---

① 1932年5月共产国际决定的《关于日本形势和日本共产党任务的纲领》的通称。发表在《赤旗》1932年7月10日特别号上。日本的片山潜、野坂参三、山本悬藏等人参加了本次会议。由于前一年提出"1931年政治纲领草案"的格奥尔基·萨法洛夫下台，日本共产党需要新的纲领。1932年纲领发表以后，直到1936年2月冈野（野坂参三）、田中（山本悬藏）化名在莫斯科发表《给日本共产主义者的信》为止，都被视为日本共产党的纲领文件。——译者注

《文学界》团体中的中村光夫——顺便一提，依竹内好的看法，在座谈会出席者中，当时能代表《文学界》杂志同人的思想倾向的人物，既非小林秀雄和河上彻太郎，也非林房雄，而是中村——若从他与所谓共产国际的1932年纲领一脉相承的线索来分析，问题就会变得极为复杂。

尽管平野认同在战时，"近代的超克"的理论由三派构成，但他也认为，归属于《文学界》团体的龟井与小林二人，在思想上应被算入日本浪漫派，但我认为将中村视为《文学界》杂志代表者的竹内好，未必会赞同这种处理。若按照平野的看法来理解当时的中村，并且把《文学界》团体中的三木清的存在等也一并考虑——特别是三木清①因军队征用未参加座谈会——这个被称为"新兴艺术派和转向派的集合的一代"的团体，正处于对"近卫新体制"②的梦想破灭之时，那么他们内部某些隐秘而微妙的困惑也可成为问题。

---

① 三木清（1897—1945），京都学派哲学家，法政大学法文系教授。1945年3月因留反对战争的共产党员朋友住宿而被检举、逮捕，于同年9月29日死于战败后日本的监狱中。见第六章。

② 指"新体制运动"，第二次世界大战期间日本法西斯政治体制的改组运动。面对侵华战争的长期化和第二次世界大战爆发后的形势，为建立法西斯的一国一党制和"举国一致"的战时体制，1940年政界以近卫文麿为中心，在国内发起该运动。是年7月第二次近卫内阁成立后，组成新体制准备会，10月和11月先后成立大政翼赞会和大日本产业报国会等官办团体，以推进运动。该运动完成了日本法西斯统治体制的改组。——译者注

但此处仍非问题的切入点。另外，关于平野对中村的重新认识是否抓住了重点（即平野基于对中村的《忧郁的观察世界》[①]的重新回顾，三次揭示中村光夫在座谈会时的意见要旨，并分析其含义及脉络）的讨论，我们也暂且舍弃。目前，我想启发性地确认一下问题所在。

无论是从脉络还是依照竹内好的划分，接下来我们想将平野谦的说法中作为问题呈现的，是体现日本浪漫派的龟井胜一郎与另一方面的中村光夫对立的看法。并且平野自身关于"近代超克论"的态度中具有的二元对立式的分裂，在那里很可能恰好显现出来，或者成为问题。

日本资本主义的跛行性投影

依据平野的记忆，他对"近代超克论"的态度是："虽然存在诸多扭曲，但日本近代建立的仍是一种资本主义社会。不论日本资本主义中残存多少封建残渣，总之它作为资本主义社会成立了，那么对于资本主义社会的克服这一轨迹上的问题，至少应以某种形式被讨论，然而却完全没有，这很奇怪。"

而且想到"中村光夫的内容"之后，如之前所引用的，平野

[①] 见中村光夫《文学回想 忧郁与见世》（筑摩书房，1974年11月）。全集未收录，但全集中有一篇题为《近代的超克》的回忆文章。

认为：日本的资本主义社会与纯粹的欧洲资本主义不同，它是以天皇制为顶点的半封建式的东西，因此将欧洲末期的"近代的超克"等作为问题意识，对当下的日本而言并非重要问题，倒不如说如何向西欧正统资本主义社会改革，才应作为日本自身的问题意识正式提出。

在此，我们并非打算以1927年纲领、1931年的纲领草案以及1932年纲领的战略构图的区别为问题主旨，根据平野的重新认识，在展望中村关于资本主义超克的课题的同时，表明当下所谓的两个阶段的战略的日本近代化才是当前的课题，那么处于对立面的龟井是何种立场呢？

被平野重新认识的中村的基本方案是，先实现近代化，然后再实现对资本主义的超克，而龟井的主张绝非单纯的"既然已完成近代化，那么现在就是单纯对近代以及资本主义的超克"这种形式的理论。龟井的理论不同于平野过去记忆中的姿态。

龟井认为："我们从接受所谓近代这种西方末期的文化那一天起，就处于逐渐被（这种西方文化）侵入到精神深处的文明生态之中。""这种文明开化的后期现象，从内在来说就是带来近代文明的精神疾病。"因此龟井的近代超克理论的视角就是对这种疾病的"根本治疗"，此时期的龟井已无过去左翼的模样，"近代日本的诸如被称为自由主义、共产主义、唯物主义这样的东西"也被他视为"文明的病毒"。就其推动的近代超克座谈会而言，依据平野的记忆进行的批判，从结论上来说是恰当的。

然而，即便认为近代超克的根本意味着资本主义体制超克的平野等人，在1943年写书评时，对于"近代的超克"如何可能以及具体手段，若引用小林秀雄的话，也有如下记载：

"近代人只能用近代来战胜近代。赋予我们的素材，只有当下所拥有的素材。而我们必须在这些材料中找到制胜的关键。"因此，只有所谓的"相信通过古代的方式而到达并扩展近代性的""小林秀雄的方法"等等。

我们可以看到，此处已具备走到近代性边际的认识。小林本人提及"近代性的边界"时，不论近代资本主义体制如何呈现，平野所援引的内容应意味着他所认为的资本主义文明的固有本质。归根结底，龟井胜一郎在就"文明开化""文明之毒"的超克进行发言时，资本主义对他而言究竟意味着什么？难道他认为资本主义文明、资本主义体制应被保留和拥护吗？龟井立志批判并超克近代文明时，必然应思考资本主义体制、资本主义文明的根本属性。

在此意义上，即便中村和作为对立面的龟井，他们眼中的近代超克的含义也应是一致的。

当然，问题在于资本主义的"病毒"应作何规定性的理解，以及对于资本主义文明，应打算朝何种方向超克。

重点在于，在平野和龟井存在分歧的地方，从我们的视角认定时，不用说，像龟井那样对资本主义文明的克服意向，终究并非真正的资本主义文明的超克。

但对我们而言，单纯从今日的立场给过去的思想定罪是不够的，而必须进行内在性批判。从这一观点来看，中村的"近代超克论"——正如在本章及本书第一章所述——在当时的"近代超克论"中，可说是旁系，而与之对立的思想才是主流。而且正如我们所见——正如之后对各家理论的分析和研究所显示的那样——所谓的对立面的代表者，未必就是龟井。

对于战前和战时的日本，"近代的超克"被视为迫切的实践性课题，这是以这些论者认定日本已实现近代化为前提的。因此对这些论者而言，想要超越近代＝西欧的模式，已不可能再求助于西欧。

按照论者们的想法，像苏联那样的共产主义也是欧洲近代的一种变体，因而不能成为典范。所以论者们想从东方的事物以及日本的事物中寻求理想。

当想要超越现状，并且意识到应实现的新世界不在现状的线性发展之中时，思想史上的通常情形是，人们从过去发现理想，认为当下是一种堕落，然后寻求复兴、改革，逐渐形成一种所谓的"浪漫主义的反动"的形态。

那时，被近代超克的论者们理想化的东西是"日本原有的东西"，它与象征天皇存在的国家体制的存在方式相关联。这种对日本原有的东西的理想不单是过去理想性的存在，因为天皇制国体这种形式，虽被"近代"之"毒"入侵而变形，但本质上在当下依然存在。因此，这不只是一种单纯的浪漫式回归，而是确实可以界定为某种变革。

将前近代遗制的天皇制国体视为近代超克的目标这种时代错误，不仅将其视作某种未来的目标，还被当作现实的共同体的杠杆，这被认为是所有持有这种想法的民粹主义者共通的问题。当时对于这一时代错误的无意识，最终演变成一出悲喜剧。不过，虽说这是时代错误，但论者们并非简单地主张回归过去。在他们自身而言，这仍是设想一种现状的未来式超克，其中当然包含对未来的建言和对现状的批判。

而且实际上，"近代的超克"并非单纯的思想活动，它被确立为大众性的历史性实践课题，因此"近代超克论"必须具备能向大众宣传，并对民众产生实质性动员和指导效力的内容。

从现实来看，"近代超克论"并非历史的指导。它本质上并非先行飞向暴风雨的海燕，倒更像是密涅瓦的猫头鹰。即便如此，战争时期的"近代超克论"，对于跛行的日本资本主义，承担起对期待"大东亚战争"胜利而开展的政治、经济、社会的总动员态势的确立，提出对外的东亚协同体和对内的国家共同体的目标，并作为合理化的意识形态存在，迎合强行实现的以天皇制国体为基础的国家资本主义的重新构建的历史形势。因此，从事实角度而言，在那个时期，对于"从思想上俘获大众"这件事，"近代超克论"是成功的。

对那个时代的"近代超克论"，若要超越单纯将其作为一种思想形态进行内在考察的范畴，并与当今人们所关注的问题做对比，就必须充分考察它如何获得大众性，并且进行意识形态论的分析。

在下一章，我想针对这一重要任务，审视昭和精神史的底层基础，找出"近代超克论"在其时代思潮和背景中的位置。这项工作应能成为眺望"转向左翼"的三木清等人的"时务逻辑"及其始末的前提。

第五章　国家总动员体制与历史的狡计

> 战争时期的"近代超克论"和天皇制法西斯尽管有着不同的谱系，然而却与昭和维新的追求和本质相互交错，我们需要追溯这一前提。

在前一章，我们以平野谦的记忆错误和自我修正为线索，计划设定重新考察战争时期"近代超克论"的视角。而在本章，我们会考察更加具体的历史状况，并将判断的标准自为化。

"太平洋战争时期举行的'近代的超克'的相关讨论，是军国主义统治体制下'总力战'中'思想战'的一种，它是在消灭近代的、民主主义的思想体系和生活方式这一要求下，而实行的思想上的政治运动。"——小田切秀雄①的这一界定应当说是十分正确的。但是，倘若人们狭义地理解关于"近代的超克"的讨论，认为其全盘都是在国家权力的制约下进行的，那么这与历史的事实并不相符。

当时，和《文学界》杂志座谈会并行的《中央公论》杂志座

---

① 引用部分来自他的《关于近代的超克》（《文学》1958年4月号）。收录于《小田切秀雄著作集》（法政大学出版社）第七卷。[小田切秀雄（1916—2000），日本文艺评论家、近代文学研究者。——译者注]

谈会实际上甚至是被"镇压"的对象。京都学派的高坂正显的论文《思想战的形而上学根据》(《中央公论》1943年6月号[1])遭到当时管理杂志的陆军新闻部的严厉抨击。不仅如此，京都学派的"近代的超克"座谈会的第一回——《世界史的立场与日本》(出席者有高坂正显、高山岩男、西谷启治、铃木成高四人，《中央公论》1942年1月号)，被当局视为"不快"之物，从而遭到批判。并且，如果不是海军报道部和陆军报道部之间存在内斗，那么京都学派很有可能遭到彻底的排斥（可以参考畑中繁雄的《备忘录昭和出版弹压小史》[2]和黑田俊秀的《向昭和言论的证言》[3]）。甚至作为核心人物的西田几多郎在1943年夏天的时候，都暴露在了"排斥西田哲学"和"消灭京都学派"运动的锋芒之下。

今天回过头来看，这是一段极为奇特的历史。为了理解这种历史曲折性的依据，我们需要考察昭和思想史的底流和地下水脉。

日本右翼与昭和维新的追求

战前的日本右翼所追求的国家改造和昭和维新的运动并非在

---

[1] 并未收录在《高坂正显著作集》中。
[2] 《图书新闻》，1977年8月，第61—67页。同一本书经过改题再编辑，以畑中繁雄著、梅田正己编《日本法西斯言论镇压小史——横滨时间、冬天时代的出版镇压》为题再次印行（高文研，1986年3月，第92页以后）。畑中是《中央公论》原总编辑。
[3] 弘文堂，1966年7月。作者是畑中之后的《中央公论》总编辑。

一朝一夕之间形成,甚至可以追溯到头山满的玄洋社①(1881年)和内田良平的黑龙会②(1901年)的谱系,以及大川周明③、北一辉④、满川龙太郎、权藤成卿⑤等人初次创立的老壮会,之后所说的堺利彦和高畠素之等人也参加了。由此可见,日本右翼的思想

---

① 玄洋社,日本的国家主义右翼团体。在旧福冈藩不平士族运动的背景下,由箱田六辅、平冈浩太郎、头山满等人于1881年在福冈成立,作为国家主义运动的开拓者而活跃。——译者注

② 黑龙会,日本的国家主义团体。对三国干涉感到愤慨的内田良平等人于1901年结成。内田担任领袖,头山满任顾问。提倡大亚洲主义、进军大陆,发行《黑龙》《东亚月报》等杂志的同时,还进行了多方的实地调查和地图的编纂,对帝国主义的亚洲研究也做出了贡献。他们拥有众多大陆浪人,在一定程度上参与了菲律宾独立运动和孙中山的革命运动。在日本国内问题上,与大正民主潮流、社会主义思想、劳动运动为敌,作为日本代表性的右翼团体而闻名世界。——译者注

③ 大川周明(1886—1957),日本思想家。其思想与近代日本的西方化相对抗,精神上提倡日本主义,内政上提倡社会主义或统制经济,外交上提倡亚洲主义。在东京审判中,他是唯一一个以甲级战犯的身份被起诉的民间人士,但是被诊断为梅毒引起的精神障碍,免于追责。此外,晚年翻译《古兰经》等,在伊斯兰研究方面留下了优秀的成绩。——译者注

④ 北一辉(1883—1937),别名北辉次、北辉次郎,笔名外柔。思想家、社会活动家、政治哲学家,被称为战前日本法西斯主义运动的理论导师,以鼓吹日本革命闻名,对日本法西斯主义运动的推展有举足轻重的影响力。他早年投身中国革命运动,是中国同盟会的正式会员。——译者注

⑤ 权藤成卿(1868—1937),日本农本主义思想家、制度学家。本名善太郎,号成卿、间道人、间子等。批判明治政府的绝对国家主义和官治主义、资本主义和都市主义,以古代中国以农村为基础的社稷型封建制为理想,实现作为共济共存共同体的"社稷国家",实现人民的自治,提倡"原始自治"。——译者注

企图绝非一元性的。因此，进行概括性的考察是非常困难，也是极其危险的。在定位"近代超克论"的必要范围内，我们首先来瞥一眼昭和维新运动的主流吧。

若要直截了当地了解昭和维新运动的主旨，直接看一看在这场运动最为激烈的昭和六年（1931）时，由右翼各个团体集结而成的"全日本爱国者共同斗争协议会"的纲领，乃是一条捷径。

其内容为：

> 我们期盼王国议会政治的覆灭，实现天皇的亲政。
> 我们期盼打倒依据产业大权而成立的资本主义。
> 我们期盼克服国内的阶级对立，向世界宣扬国威。

1932年的元旦，这篇文章在"全日本爱国者共同斗争协议会"（日协）的机关杂志《兴民新闻》上登载，由大川周明执笔。这篇文章中还写道：

> 明治维新是夺回居于天皇和国民之间的大名们对土地和人民的统治权，建立官民和四方百姓平等的国家，并以此对内发挥国体的本意，对外顺应世界发展的潮流。因此，在打倒德川幕府的60年之后，如今日本国民应继承往日"勤王"的志向，并成为贯彻其志向的"兴民"志士。正是在这君民一体的日本，君主在第一次维新之中被从武力的压迫中拯救

出来，而确立了在国家中神圣而尊贵的地位。然而今天人民被黄金压迫而呻吟不止，代替各个土地大名而起的黄金大名遮天蔽日，像一朵阴云笼罩在人民的头上，令人不快。因此为了从黄金的不正当压迫之中解放人民，今天应重新举起君民一体的旗帜，而走上这条唯一的道路。终于到来的第二次维新，应该是一场对黄金中心势力财阀的讨伐，并且推倒门阀滋生的制度，应该由大多数贫苦的国民发起。因此相对于第一次维新时"勤王倒幕"的标语，第二次维新的标语正是"兴民讨（财）阀"。①

这份声明与北一辉的副将西田税②过去所写的含义基本相同：

当直面如今的现实时，明治维新的革命中建立的"天皇的民族，国民的天皇"这样的理想，以将其明亮而璀璨的真理的光芒在宇内宣扬为至上事业的真正的日本已经在其一端停留不前，而后人已经渐渐误解了理想，忘却了真理，至圣至美至亲的天皇无法得到民族和国民的期望，而在两者之间

---

① 《现代史资料》（みすず书房）第四卷，第301页。
② 西田税（1901—1937），日本陆军军人、思想家。与著有《日本改造法案大纲》、以国家改造论而闻名的北一辉为好友。西田的思想得到了革新派青年军官的绝对信奉，但在1936年的"二二六"事件中，作为企图颠覆国家的主谋之一而被逮捕，翌年与北一辉一起被处死。——译者注

甚至产生了蒙蔽、顽劣、不正不义的疏离……呜呼！发动国家大权而进行的国家改造、政变！我等相信如不实行就是无效的。这是炸弹，这是剑！（《无眼似论》，1922年）①

另外，深受权藤成卿思想影响的血盟团井上日召②的副官橘孝三郎③，对于明治维新以后的情形这样感叹道："继德川封建武力统治之后，官僚财阀和政党的经济统治仍在继续，今天出现了最恶劣的统治状况和人类的工具化"，并主张彻底清扫"旧时代传统特权的继承阶级和新兴资本所有者的特权阶级"及"党政财阀，即这些所谓的统治阶层"，"因此我们要还原东方本身的精神，实现超克和消解以个人为本位的乌合之众的体制以及其依附的近世资本主义社会，并且建立以国民为本位，共存共荣的、彻底的国民协同的社会"，"严禁一切对和国民相关的重大资源生产手段和流通机关以营业为目的独占，同时放置在国民的管理之下，并计划性地组织以福利为目的、社会为目的的经济组织"④

---

① 《现代史资料》第五卷，第294—295页。
② 井上日召（1886—1967），日本日莲主义人物，政治活动家。他从1930年开始计划成立极端民族主义组织血盟团，1932年血盟团正式成立，以杀害当时日本政经菁英为目标。在他的策划下，血盟团于1932年暗杀了日本首相犬养毅等人。——译者注
③ 橘孝三郎（1893—1974），日本的政治运动家、农本主义思想家。既是农本法西斯主义者，又是超国家主义者。——译者注
④ 《现代史资料》第五卷，第47页。

(《日本爱国革新本义》1932年刊）。

如果概括这里所表达的思想，就是"清君侧"，废除诸恶的根源金融财阀，以天皇亲政为根本，代替现行的资本主义经济而建立起协同体的统制经济社会，这便是国家改造计划的重点。在这里可以概括为，将明治维新中政治大权归还天皇的政策进一步推进，即在昭和维新中，将经济大权也奉还给天皇。

天皇法西斯的成立，如果抛开北一辉、大川周明、西田税、井上日召、橘孝三郎、天野辰夫[①]等民间的右翼行动派思想和运动，是无法进行讨论的。但是天皇制法西斯并非他们思想的直接体现。确实，大川与其他在中途就被处刑的成员不同——井上日召（1932年血盟团事件）、橘孝三郎（1932年"五一五"事件）、天野辰夫（1933年神兵队事件）、北一辉、西田税（1936年"二二六"事件）先后被处刑——正如我们所看到的，尽管他是公众所知的思想家，但他也不是1935年天皇制法西斯真正的引导者。接下来我们结合这些事情，概观日本法西斯的动态吧。

天皇制法西斯的发动轴

差不多在德国纳粹掌握政权前后，日本也如纳粹直接输入那

---

① 天野辰夫（1892—1974），大正、昭和时代的国家主义者。在东京帝国大学就读时受到上杉慎吉的影响，1919年与新人会对抗，成立兴国同志会。1929年参与创立爱国勤劳党，1933年因神兵队事件被捕。——译者注

般，呈现出了法西斯的倾向。在现有的政治家中，当然也有像中野正刚这样的插曲，他的主张被视作社会国民党的构想。还有1933年发起的昭和研究会；在1935年时，由小林顺一郎（三六俱乐部）领导的国体拥护联合会要求依据旧时期1924年的《陆军根本改造》进行全新的军队改编；在乡军人会也在国体明征运动①之下，于一般民众之中热烈地活跃着。

我们虽想详细分析天皇制法西斯在思想谱系与组织运动上确立的全部脉络，但需要探讨的因素实在过多，因此就本章的目的而言，我们只要大致浏览一下天皇制法西斯确立的基础源流便足够了。

大川周明、北一辉、满川龙太郎受到俄国革命与美国动乱的触动，于1919年成立犹存社。两年后的1921年，当时在第一次世界大战末期滞留在欧洲的知识分子和中坚将校：永田铁山、冈村宁次、小畑敏四郎三位少佐（有些说法认为东条英机也参加了）在德国南部的花园聚会中相会，并一同起誓，要打倒垄断日本陆军的长州军阀，以及实现日本陆军的改造。

当时的日本陆军处于山县有朋的长州军阀时代，在大正时期（1912—1925）被称为长州军阀的寺内正毅、田中义一等垄断。

---

① 在1935年"天皇机关说"事件中，想要掌握政治主导权的军部、右翼诸团体，反对美浓部达吉的"天皇机关说"，而迫使内阁发表的政府声明。"天皇机关说"将天皇作为统治机构的一个机关，而国体明征声明则明确表示天皇是统治权的主体，日本是由天皇统治的国家。——译者注

1921年，由萨摩军阀上原勇领头，掀起了对长州军阀的公然反抗。从陆军的中上层来看，这场恐怕与思想对立无关的军阀之间的斗争，最终演变成了支撑天皇制法西斯形成的陆军两派，也就是众人皆知的具有竞争对立关系的皇道派和统制派。

昭和初期出现了使陆军和海军军人意识到"国家改造"这一课题迫在眉睫的客观条件。1927年春开始的金融危机，让糟糕的状况持续恶化。1928年2月依据《普通选举法》举行的第一届总选举，受到前所未有的冲击，无产阶级政党的票数极高，山本宣治①等八名议员当选。当局立即实施"三一五"大镇压②。在目睹过俄国革命和德国革命的知识分子与军人之中，想必有不少人感觉到了从国家内部动摇国防的危机。1928年之后，发动"五一五"事件③的古贺清志、三上卓等海军士官，以斋藤齐为首，结成王师会。陆军也发起了无名会。由石原莞尔④、永田

---

① 山本宣治（1889—1929），日本战前政治家、生物学家。京都府出身，有时也简称为山宣。共产主义者。——译者注

② "三一五"事件，发生于1928年3月15日，是镇压日本共产党等的事件。动员数千人进行检查，被检举的约300人，被追究《治安维持法》立即收监于市谷刑务所的多达30人。——译者注

③ "五一五"事件，1932年5月15日发生在日本的叛乱事件。武装的海军青年军官闯入内阁总理大臣官邸，杀害了内阁总理大臣犬养毅。——译者注

④ 石原莞尔（1889—1949），日本陆军中将。在任关东军作战主任参谋时和板垣征四郎一起策动了"九一八"事变，"二战"末期因为和东条英机的尖锐对立而被编入预备役。是积极的国柱会成员，即为佛教日莲宗信仰者。在当年他认为日本应该满足于"满洲国"的势力范围，不应全面（转下页）

铁山等人组成的无名会在第二年的1929年发展为一夕会，集结了冈村宁次、小畑敏四郎、板垣征四郎、东条英机、山下奉文等佐级精英军官，由反长州派的真崎甚三郎、荒木贞夫等人担任将军，并策划陆军的改造。之后，1930年时，担任参谋本部俄国班长的桥本欣五郎①，集结佐官和尉官，结成樱花会。桥本在任务上不仅负责对俄国革命的研究，也因要研究土耳其驻外武官时代的穆斯塔法·凯末尔·阿塔图尔克②的革命性改革，被认为是最早具有政变计划的人。

就客观形势而言，1927年发起上海政变（"四一二"反革命政变）的蒋介石，于1928年已有统一中国的趋势。日本军在那期间出兵山东，并用炸弹杀害了张作霖。1929年，此事件的主

（接上页）侵略中国而应该以强势地位建立和谈同盟，因为他笃信"世界最终战论"——东方跟西方终须一战。而东方当然要由最先进的日本领军，也因此日本需要和中国结成盟友，但必须拿下满蒙以巩固日本在亚洲的势力，又不可将主战力陷入中国战场并将中国推往西方联盟，真实的永恒敌人是西方基督教、天主教势力，也因此战略观点与东条对立。——译者注

① 桥本欣五郎（1890—1957），日本陆军炮兵科军人，法西斯主义的宣传者，甲级战犯。1920年从日本陆军大学毕业。曾任陆军法西斯青年军官组织"樱花会"的首领、参谋本部俄国班班长、海拉尔特务机关长、关东军司令部部员等职，积极策划与发动"九一八"和侵略中国东北的战争。1937年入侵中国，率部参与了南京大屠杀。1948年作为甲级战犯被判处终身监禁。——译者注

② 穆斯塔法·凯末尔·阿塔图尔克（1881—1938），土耳其军事将领、改革家和作家，土耳其共和国第一任总统、总理及国民议会议长，有近代土耳其国父之誉。——译者注

谋被处分。1930年，内阁不顾军部的强烈反对签订了《伦敦海军裁军条约》。——顺便一提，无须回忆1929年开始的大萧条导致在国家政策上削减了军队的支出，从美国的强硬态度来考虑，政府当局镇压关东军在中国东北的鲁莽行径是理所当然的。——这种状态使得军部充满了危机感和不满。而且这并非仅仅是一时失策，而是被意识到若不进行国家改造便无法解决的结构性问题。

并且，昭和初期，在政党内阁和议会中，逐渐出现了财团走狗之间的丑恶政治斗争，并且以天皇身边的元老为首的一批人也开始助长反对军部的政策。

而且说到底，议会内阁政治究竟如何？引用为血盟团辩护的林逸郎的话[①]：

> 依据政党政治构成立法议会的议员，超过半数的人投票，超过半数的人就能成为内阁总理大臣，而这些议员是什么人呢？是拿着三井、三菱、住友这样的大财阀和地方财阀的钱，并被这些人豢养的走狗。而被选举上的人，就是使用这些金钱，从违反法定选举费用开始，使用各种违法和收买手段当选的罪犯。所提出的法案，所确立的法律，与其说是

---

① 林逸郎在血盟团事件公共审判时的辩护全文收录于《血盟团公判速记录》下（同刊行会，1968年10月）。

为了人民的生活，不如说一定是优先考虑财阀的利益，并率先考虑自己的政党和自身利益。从这些半数由罪犯组成的人当中选出国务大臣，而且立法机关和行政机关的长官是同一个人，并且这个人还任命司法大臣，如果是这样，宪法中所倡导的三权分立不就有名无实了吗？

当时的情况，即便先不论军人因受世间冷眼而产生的逆反视角，士兵和他们接触的下级军官，由于其家庭经济崩坏——作为富国强兵基础的农村经济危机带来的崩坏——强烈地感受到天皇军队的危机。这从"二二六"事件发生之前的"怪文书"的座谈会"青年将校是什么"中的以下内容也能看出。

对"青年将校在这场运动中期待什么"这一问题的回答是：

> 简单来说，就是一君万民、君民一体的境界……日本国民在天皇的治下真正成为一体，朝着实现建国以来的理想国的方向前进。……我们今天教育着士兵，但是就如今的状况，我们无法安心前往战场。如今，士兵们的家庭处于疲惫且失去劳动力的艰难状态之中，这样他们怎能安心前往战场？我们受到陛下和一般国民的信赖，想要尽全力担负起这个国家国防和安全的重大责任。为此，有必要要求对日本国内的状况进行明确的改革。大多数国民在经济上处于无力状态，经济的权利被天皇之下的一部分统治阶层独占。这些人想要独

占政治机构及其关联的一切。并且众所周知，这些统治阶级的内部非常腐败。①

就这样，在昭和初期的日本军部，上述的高级将军幕僚和队伍中的青年将校们——姑且不论他们是否萌生了真正的社会主义思想———一同感受到皇军的危机、皇国的危机的痛楚，并怀着炽热的志向，想要实现昭和维新，即清君侧，整治以政治机构为依托的经济权利，以及实现天皇亲政的国家改造。

民间右翼的行动派思想家，大川周明、北一辉、西田税、井上日召、橘孝三郎以及小林顺一郎等人，以各自的方式与军队关联。大川在东京大学求学时期就协助参谋本部进行德语的翻译工作，因此在1919年进入了满洲铁道会社，并与关东军的小矶国昭、冈村宁次、板垣征四郎、土肥原贤二、多田骏、河本大作等人结下友好关系，在1922年，又因社会教育研究所的关系和荒木贞夫、秦真次等人熟识。西田虽在1925年退伍，但有幼年学校时期进入士官学校的经历，因此在军部当然有朋友，并在1927年的天剑行动中最早起事。与大川诀别之后跟随西田的北一辉，吸收俄国革命和孙中山的中国革命的教训，坚定地认为现代的革命必须以下级军官和军队为核心，否则不可能成功，因此为笼络军人付出了诸多努力。小林顺一郎也因有陆军将校出身的

---

① 《现代史资料》第五卷，第768页。

身份（他的陆军改造方案未被接纳，于1924年以大佐军衔退役后从事外部运动）而在军队中有关系。井上日召、橘孝三郎在和海军的王师会联合之前，在陆军内部也有团体。

他们通过与军队内部具有组织性关联和构建了一定影响力的行动派右翼的一连串运动，正如黑格尔所谓的理性的狡计那样，让日本走向天皇制法西斯，走向日本的国家垄断资本主义的再构成。我们来看一看他们的开展过程。

第二次维新与军事政权之途

昭和维新的运动首次以具体的政变计划出现，是1931年的三月事件①。据说未遂的政变是与陆军省的高级将领勾结的大川周明和在参谋本部拥有稳固门路的樱花会中的桥本欣五郎合作策划的，但推测真正的策划者是其他上级将军。即便如此，这场大阴谋中，社会民主党的书记长赤松克麿和全国大众党的指导者麻生九等社会民主主义者也参与其中，因此不能简单地说是右翼政变计划。

回忆1931年2月的政治情况，前一年11月，滨口雄幸②首

---

① 三月事件，指1931年3月20日由日本陆军的中坚干部策划的未遂政变事件。陆军参谋本部俄国班班长桥本欣五郎等樱花会成员，与民间右翼人士大川周明、清水行之助等人制订了计划。——译者注
② 滨口雄幸（1870—1931），旧姓水口，号空谷，日本高知县人，大藏大臣、内务大臣、内阁总理大臣。——译者注

相受到右翼的恐怖袭击而重伤。币原喜重郎外相代理了首相职务，但因《伦敦海军裁军条约》，币原遭到了军部的反感。不满裁军条约的军部——如加藤司令部长辞职，以及如干涉统帅权的非难等——以天皇的名义向议会与内阁施压。就在这个时期，1931年2月3日，币原代理首相在举行议会时以裁军条约的签署是得到天皇批准的为盾牌为自己辩护，而军部以及政敌和在野党批判他把责任推给天皇，众议院在一周时间里发生了流血的大乱斗事件，呈现出大混乱的情形。这场大乱斗和混乱加剧了军部对于议会政治的不信任感。在这种情形下，无产阶级政党和工人组织等举行了大规模的游行示威，2月18日社会民主党、全国大众党、工农党三派的游行示威蜂拥至议会门前。（社会民主主义者们在议会的积极乱斗和议会外的大众组织化游行，有人认为是大川周明和一部分社民干部共同策划的，是三月事件的预演。）

　　三月事件正是在这种状态下发生的。首先，民间的左翼和大行社的清水行之助等民间右翼在国会门前举行大型游行示威，议会内部也是乱斗状态。这时，政友会和民政党的本部和首相官邸遭遇炸弹袭击，并引发与警卫队的冲突。在这种情况下，维新派的将军们以非常事态为由集合了军队，以保护议会的名义将国会包围，并阻断其与外界的联系，军队的高级官员趁机要求议会内阁全体辞职，并欲任命宇垣一成大将为下一任首相。——以上大致就是三月事件的计划。

　　这份政变计划原本预定由当时陆军大臣大川担任先锋，但因宇垣一成变心而终止。这是因为，在政界上层之中，呈现出下任首相就是宇垣一成的动向，导致宇垣一成倾向于认为无血革命是可能的。还有一种说法推测，半年后发动"九一八"事变的永田铁山一派倾向于认为时机未到，而这也是计划终止的决定性原因。

由于计划败露，宇垣一成未被任命为首相，4月，若槻礼次郎内阁成立。

不顾内阁的意愿，1931年9月，军部暗中策划了"九一八"事变，其中的事情如今已广为人知，因此无须再占用篇幅去解说。不过从和"近代超克论"的关联性来说，回忆满蒙问题相关的一些事实是不错的切入口。

日本在满蒙的权益是日俄战争的结果，是日本从俄国那里"继承"的，其中有《中俄条约》的脉络，但有效期截止到1934年。确实，日本在1915年强制与中国签订"二十一条"，试图将租借时间延长99年。但因美国背后支持，中国主张废除"二十一条"，并且当时蒋介石正在进行对共产党的第二次围剿，预期实现强大而统一的中国。另一方面，在条约期限到期的1934年，因《伦敦海军裁军条约》和其他裁军条约的关系，日本的军事力量相对于英美处于最劣势时期。

由于这样的理由，军部企图不仅在关东军方面，而且普遍地在1934年以前加强对中国东北的控制。因此，炸死张作霖的责任人被日本政府"公开"处分，并且如同在签订裁军条约的过程中所看到的，天皇身边的"奸佞之人"，在和英美对决中一直犹豫并妥协。伴随这些情况，1930年，参谋本部的桥本欣五郎在惯例的形势判断会中，加上了"国家的改造是积极解决满蒙问题的先决条件，为此，我们一定要实行国家的改造"这一条。他认为为确保日本生命线，并且为了东亚百年的安定，国家的改造是当务之急。

但是，现实的事态变化却是，国家改造以"九一八"事变为先导的形式进行。1931年9月，随着"九一八"事变的突然发生，在东京的樱花会、一夕会的一部分人，与民间的大川周明、北一辉、西田税以及"左翼"的赤松、龙川，还有大本教的出口王仁三郎等协力，一同策划了政变，即锦旗革命事件（十月事件）。

十月事件比三月事件的规模更大，但因吸取了之前的教训，这次事变未让军队上层知晓，并且没有设定让大众游行示威先行包围国会这个先期行动，而是直接采取了军事行动（原本计划如果政变被孤立时通过民众游行来支援）。因此，这次政变和三月事件不同，某种意义上接近之后的"二二六"事件的形态。

这次政变的计划被事先发现，因而未遂，但对于军队的上层来说相当于成功了。同年，币原式外交破产，并且，政治上的主导权几乎被军队完全掌握。

然而因为十月事件，国家改造昭和维新派内部发生了分裂。从路线上看，说到底就是追求从下层发动政变而寻求改造的、受北一辉和西田等人思想影响的青年将校集团，和如今掌握主导权并追求稳健的无血革命的高级将领集团之间的对立。虽说如此，青年将校中也有一部分实际参与政变，而高级军官自身也绝非统一的阵营。并且虽被称为青年将校集团，但其中也有不同的流派，不一定与北一辉、西田等人是统一阵营。但不管怎么说，陆军的主要核心，是以青年将校集团的荒木、真崎为代表的"皇道派"，和最早实现肃军并强化独裁的以永田铁山和东条英机（在形式上是在林铣十郎时期达到顶峰）为代表的"统制派"，两派相互竞争。

我们无须在此详细回溯历史的经过。1932年井上日召连同其党羽制造了一系列的血盟团事件（预定的是一连串的以一人换一人的恐怖行动，在杀害了前藏相井上准之助和三井理事长团琢磨之后就结束了），之后其残党和大川周明及天行会的头山秀兰、紫山熟的本间宪一郎等人又策划了一系列的共斗，即"五一五"事件（原本计划的政变没有实现，而只是暗杀了首相犬养毅）。1933年"五一五"事件的残党和大日本生产党的内田良平、铃木善一，以及皇国农民同盟的前田虎雄，还有天野辰夫等人计划发动神兵队事件（政变计划，但被发现），也就是以民间右翼团体为主要当事人再次进行维新运动，但失败了。在一连串的恐怖事件与政变的压力下，在政界，军事首脑的权力日益强化，在"五一五"事件中犬养首相被杀之后，政党政治最终消失。但1934年，因不满军队上层的温和态度，青年将校和高级军官的分歧进一步加深，导致决裂。皇道派的荒木因"生病"从第一线退下之后，军队上层形成了统制派的专权。虽说1935年时发生了统制派的永田铁山被斩杀的事件，但从大趋势来说，1936年镇压了皇道派青年军官们"最后崛起"的"二二六"事件之后，肃军被进一步强化，并确立了统制派的全面统治。

至此，以统制派为上层的法西斯制度进一步确立，最终形成了军财一体（军事和财政的一体化），并与垄断资本的逻辑纠缠在一起，最终形成了日本社会的国家垄断资本主义式的再构成。

军部独裁与历史理性的狡计

为了分析日本自上而下的法西斯思想和动态，我们必须相应地审视七七事变和"九一八"事变的发展，并与近卫文麿的昭和研究会团体新体制运动相呼应来进行研究。不过这项工作与下一章的三木清的时务理论相关，所以我们打算将其留到"昭和研究会"的"近代超克论"问题脉络中，在此仅探讨昭和维新和国家改造计划的始末。

昭和维新的理论派和运动体是由多种多样的团体形成的，尽管在当时这些团体之间斗争激烈，相互对立抗争，但在应实现的维新以及新生日本在经济和社会秩序的构成原理方面，竟意外地一致。

有人认为，由于北一辉的《日本改造法案大纲》[①]影响力巨大，致使各个流派存在诸多共同点，但这种一致性应归因于历史

[①] 《现代史资料》第五卷；《北一辉著作集》（みすず书房）第二卷。

和社会的状况。

笔者现有的复印版资料，除了北一辉和大川周明的之外，主要有橘孝三郎的《日本爱国革新本义》、铃木善一（大日本生产党）的《日本主义建设案》、小林顺一郎（三六俱乐部）的《昭和维新应有的基调和经济国策案的内核说明书》、半田敏治的《皇国日本再建案大纲》、在乡爱国团体协议会的《帝国主义改造根本大纲》、中川裕（洛北青年同盟）的《大日本建设法案大纲》、经济国策研究会的《社会改造实际大纲》等，以及以司法省刑事局的《国家主义团体的理论和政策》[①]为首的一系列在政府当局资料的复印版中了解到的"大日本青年党""圣战贯彻同盟""皇民协同党"等组织的纲领。通观这些资料可知，虽然无意全面废除私有制财产，但这些政党均认为，设定私有财产上限、土地国有化以及银行和重要产业的国营及国家管理，是新生日本经济构成的核心。

这些想法虽显平庸，但从"二二六"事件主谋者们以《青年将校是什么》为题的怪文书中的以下内容，可基本了解：

> 至今为止，所谓的资本主义经济组织，以及明治维新时期引入的富国强兵的资本主义，过去曾发挥了强大作用，但如今其职能渐显破绽，故而应向某种新形式转变，统治阶级

---

① 以上八个文本都收录于《现代史资料》第五卷。

也应进行某种修正。且应明确反对当今资本主义组织权力的根基——统制经济主义。我们为打破当下的日本资本主义组织,坚信至少应遵循这三大原则,即国家统一管控大资本、限制私有财产、限制土地所有。①

北一辉以与我们之前引用的大川周明相一致的形式,做出如下论述:

> 对于社会的认识和国家改造的方针,若用一句话概括,现今的日本实则为经济封建制度,以三井、三菱和住友这往昔的御三家为例,日本的经济生活被黄金大名等"三百诸侯"②所统治。因此,政府当局无论是政党、官僚还是军阀,表面不论,内在均依赖于经济大名即财阀的支持而存在。金融权力的政治是怎样的,纵观历史,政界上层自不必说,哪怕是细微之处,也暴露出诸多腐败和堕落。……另一方面,从日本的对外立场以及欧洲正在酝酿的第二次世界大战的氛围来看,我们必须做好日本在不远的将来不可避免进行对外战争的准备。届时战争中以及战争末期,如俄国和德国那般

---

① 《现代史资料》第五卷,第769页。
② 江户时代,统治日本各地方的大名数量约有三百,"三百诸侯"泛指所有大名。北一辉等人认为明治维新之后出现的资本主义财阀与江户时代的大名一样,实际把控着国家。——译者注

迎来国内的各种内在崩坏，三千年的光荣与独立将功亏一篑。……在此，最需考虑的是，在日本决定对外战争之前，较为合理的应是先完成国内的改造。而国内的改造方针，首先应当扫除金权政治，即将御三家和最初的"三百诸侯"所有的财富全部移交国家，由国家经营，其利益尽归国家所有。（"二二六"事件审讯记录）①

无须额外说明，北一辉考虑的是设定私有财产的上限，而非全面移交国有。但正如之前所述，让"黄金大名"奉还经济大权乃第一要义。从我们的视角来看，在第一次世界大战后，即大正时期的后半段至昭和初期，金融垄断资本主义的社会和经济矛盾在各方面显现，恐怕难以再贯彻古典的资本主义产业自由主义。另一方面，通过俄国革命建立的苏联虽存在诸多问题，但已新兴为一个强国，且未受1929年危机影响，切实展现出一个无危机、无失业的社会。在此，人们一方面面临资本主义的末路，另一方面目睹社会主义的兴盛，因而直面应有的社会改造责任。即便在当时严苛的政治思想环境下，不少人还是坚定地站在了社会主义和共产主义的立场上，此事毋庸赘言。不过，即便如此，并非所有人都处于马克思主义左翼路线上，实际上出现了各种层次和范围的旨在进行现状批判和社会改造的动向。未真正把握社会经济

---

① 《现代史资料》第五卷，第740—741页。

闭塞状况根源结构之人，都将诸恶根源归咎于政治，不仅是为政者本身，还有其背后的操纵者。战前的日本右翼思想家们也未跳出此范畴，他们虽口头上批判资本主义，最终却采取了"黄金大名"垄断这一视角，并主张战略性地消除之。

关于这一点，所谓的统制派——与作为皇道派的北一辉和青年将校们不同——可以说，除了国家总动员态势这一层面，并未认真思考其他问题。此时列举永田铁山在1927年的演讲（参见《现代史资料》第二十三卷）或许不合时宜，但在1935年的统制派奇文《皇军一体论》①中，北一辉和西田强词夺理地提出"社会民主主义"。另外，虽非统制派的相关文章，在陆军省新闻班的《国防本义》②中也写道，"要振兴产业，虽在国防设置的准备方面存有遗憾，但仍要改善金融制度和产业运营"，同时主张"在不违背国家要求的基础上，尽量满足个人和企业的需求"。

联系上述统制派的主张，读者或许会联想到大川周明的著名言论——

> 关于日本维新的具体方案，世界大战之后，各国的政治经验提供了大致目标。就我个人而言，在国家的经济组织方面，相信日本与众多国家一样，要么如苏联的右倾，要么如英国和德国的左倾进行改革。与刚完成革命的苏维埃联邦相

---

① 《现代史资料》第二十三卷。
② 《现代史资料》第五卷，第281页。

比，如今的苏联实际上非常偏右。反之，世界大战后，英国和德国逐年向左迈进。一方是白旗阵营，另一方是红旗阵营，他们相互争斗，在实际政治中却又相互依存。如今双方走近，但不论何种主义，日本必然有所归属。这并非某种思想的主义，而是为了人们共同生活的需要。……在共产主义和资本主义的争斗中，我们要在其争吵中采用并实现与争吵无关、对国家生存最为必要且最具成效的组织。……非常抽象地说，如苏联那般彻底实行计划经济颇为困难，但英国和德国的自由主义经济已走入死胡同，因而应采取介于两者之间的统制经济方式。(1933年4月《"五一五"事件审讯记录》)[①]

实际上在昭和10年代的日本——关于七七事变的发展和近卫政党介于其中的相关情况，我们决定在下一章展开——恰如大川所言，呈现出不同于"苏联的右"和"英国、德国的左"的统制经济形态，即重新构建国家垄断资本主义，依托国家总动员和统制经济的态势，共同超越自由主义和共产主义，且不同于纳粹的全体主义，其是在天皇之下的协同体国家，被视为东亚乃至世界的新秩序，实现了"近代超克论"。在下一章，我想将"转向的逻辑"也纳入讨论范畴，同时明确判断"近代超克论"的意识形态性质。

---

① 《现代史资料》第五卷，第698页。

第六章　三木清的"时务逻辑"与隘路

> 1935年的"近代超克论"展现了一种"转向左翼"的自我合理化倾向，并与当时的时局有着密切的关联性。这一章我们来考察三木清的协同体主义方案。

我们在前一章大致梳理了最终归于所谓天皇制法西斯的昭和维新和国家改造运动的意向，同时也为考察"近代超克论"在战争时期的位置埋下了伏笔。但实际上，虽说对民间右翼和军部的动向进行了主题性考察，可所谓的左翼运动暂且未论，就连"近卫新体制"的各个潮流也暂且未及论述。

因此在当下阶段，我们立足于对"近代超克论"剩余组成部分的分析基础之上，同时回应这些遗留问题。

为开展这项工作，将积极参与近卫文麿"昭和研究会"的三木清作为关注点对我们而言是一条捷径。在此，对于三木清哲学的详细叙述以及他与左翼运动的关系，我们只能忍痛割爱。即便如此，我们仍有必要认真解读一下所谓的"转向"问题及其"情况认识"的相关若干史实。

另一方面，我们之前大致考察过的京都学派，特别是高坂正显和高山岩男这两位理论家，在"近代超克论"方面也受到了三木清哲学的冲击和影响，这是应当被承认的事实。到那时，读者想必也能看出这些。所以我想在此不一一对其进行解说，而是在后面讨论时，在应当讨论的地方进行概括性的厘定即可。

对左翼运动的镇压与转向的逻辑

在我们前一章大致浏览的右翼活跃的时代，毋庸置疑，对于左翼的主流，即共产国际的日本支部（日本共产党）领导的革命运动而言，那是极为艰难的时代。

1928年的"三一五"事件、1929年的"四一六"事件之后，由于大量的检举，主要的活动家纷纷身陷牢狱。即便如此，日本的左翼仍顽强地继续运动。特别是在青年知识分子当中，党具有极大的权威。原本在这种艰苦条件下，扩大对工农阶级的组织性影响力已极为困难，就实际情况而言，对于左翼究竟保持了何种程度的力量，学术界存在分歧。但真正的左翼，相比在天皇制国家权力的边缘游走，更应以坚韧不拔的姿态作为反对体制的思想和运动的象征而存在，然而，最终却无奈被时代的潮流所淹没。

我们在此不打算回顾左翼运动跌宕起伏的历史。从当前讨论的脉络来讲，我们需要明确理清的，是被视作一种迂回的"近代超克论"的"转向"逻辑的一个契机。

众所周知的是，共产国际日本支部在1932年发表了"1932

年纲领"以代替"1927年纲领",新纲领明确地提出了推翻天皇制的战略性课题。但是第二年也就是1933年的6月,在监狱中的党的最高干部佐野学[①]、锅山贞亲[②]等发表了转向声明。

佐野、锅山的转向声明(《告共同被告同志书》[③])发表之后,因《治安维持法》事件入狱且已被定罪的393名囚犯中的133人,以及尚未被定罪的1370人中的415人,仅仅一个月,便追随他们而转向了,可见其影响之大。虽然共产党直接将这些人除名,但是即便在干部之中,也有不少人追随转向。在狱中的干部中,非转向派的市川正一、国领伍一郎、德田球一、志贺毅雄等人,毋宁说陷入了少数派的境地。

这种大量的转向在心理层面,固然有着复杂的因素。然而,与如今一部分情绪化的温室左翼不同,即便在严苛的条件下仍怀有坚决思想并挺身行动的斗士们,仅在很短的时间里就出现大量转向这一事实,并非仅仅用人的软弱就能解释清楚。其中应当也掺杂着植根于左翼的理论和心理层面的自我合理化。我们能够推测,若从当事人的角度来看,应该是基于"转向逻辑"——先

[①] 佐野学(1892—1953),日本社会主义运动家,昭和早期日本共产党中央委员长。他在狱中发表了转向声明,引起了很大反响。——译者注
[②] 锅山贞亲(1901—1979),日本社会运动家,非法政党时代的日本共产党干部。笔名有大川权三、石桥庸五、岛崎孝次、丰崎伍一、须田麟造等。——译者注
[③] 《近代日本思想大系》(筑摩书房)35,昭和思想集Ⅰ,第371—380页。

"近代的超克"论

不论从第三者的角度来看这是否属于自我欺骗——的"逻辑性"转向。

这里所谓的转向逻辑,可以说,在以三木清为首的、聚集于昭和研究会的担任近卫翼赞体制①的同伙的左翼知识分子那里,也贯彻着略微变形的逻辑。因此我想简单考察其特征性的构成要素。

《告共同被告同志书》中这样写道:

> 我们这些人在监狱中已经度过四年了。在现有条件下,我们坚持不懈地继续共产主义斗争的同时,也关注着外部的形势。但是最近,我们对于日本民族的命运和工人阶级的关联,以及日本无产阶级政党和共产国际的关系,进行了更深入的思考,并在长久的思索之后,决定对以前的主张和行动做出重大改变。

佐野和锅山提出了相当多具体且有分歧的论点,不过最主要

---

① 大政翼赞会是日本在第二次世界大战期间的一个极右翼政治团体,于1940年10月12日宣告成立,1945年6月13日解散。其以推动政治权力集中的"新体制运动"作为主要目标,将既有的政党变成一个全国性的政治组织,以一党专政的模式统治日本。第二次世界大战爆发的情势下,以大政翼赞会为中心、对军部的方针给予支持的政治体制,被称为"翼赞体制",政府运作、公共政策、产业发展、文化教育等各种国政事务,均在这种体系下被大政翼赞会及其外围团体紧密掌握。——译者注

的三个焦点是：相对于共产国际的独立自主路线，推翻天皇制任务的模糊化，以及放弃反战斗争。

我们认为，有必要批判一直以来作为最高权威的共产国际自身。我们判断共产国际这些年明显地党派化、官僚化，甚至依赖苏维埃联邦而机关化。他们失去了二十一条加盟条件中与无产阶级政党紧密结合的精神，迎合各国的小布尔乔亚分子，有恶意煽动运动的倾向。他们对日本的党派，比起有骨气的工人，更欢迎在笔尖和舌头上做功夫的小布尔乔亚……且毫无责任地煽动着运动。……虽然对于近年来的世界经济危机，以及其后日益尖锐的世界形势，共产国际有着非常深刻和锐利的理论批判，我们也应当倾听，但是共产国际在现实斗争的指导方面，表现出了极端的无能。……举几个极端的例子。共产国际对于德国共产党在希特勒反动之前没有做出任何抵抗性的指导。而对于现今革命洪流之中已有两年历史的西班牙共产党的弱小，只是高高在上地重复批判，却不承担任何责任。中国共产党的强大是因为有着苏维埃地区的大众运动作为基础，跟是否是共产国际的支部并无关系，倒不如说正因为是作为共产国际的支部，所以有时还会有党派化的影子。共产国际只是高坐在潘诺尼亚平原之上的存在（国际失反斗争、反战纲领等）。

共产国际无视规约,过去五年也没有召开大会。"先不说党和组织,无视大会,说明其领导组织已经官僚化了。"

苏联的异常发达和国际的危机形势必然与共产国际带有的苏联国策机构的倾向有关,而且最近这个倾向极端化,乃至要求,苏联的一句话,各国的共产党就要将其奉为至高无上的口号,甚至为此牺牲各国工人阶级的利益……这绝对不是正确的。事实上,日本共产党与其说是为了解放我国的劳动阶级,倒不如说是苏维埃政权的防卫队或者舆论机关……我们原本主张,和苏维埃以及中国的共产党政府相结合,对于我们劳动阶级来说是最重要的任务之一,但那说到底并非基于自主立场的任务。今天的日本共产党,已经发生的内在变化是,因为无条件地服从共产国际,而妨碍了日本劳动者阶层的自主发展,这对于我国劳动者运动来说是非常不幸的。我们过去的11年里,忠诚地把一切的苦乐全部依托于共产国际。而今天我们愿意承受一切非难,基于本声明所述的理由,决定在日本左翼劳动者运动方面,不论政党,不论组织,与共产国际一刀两断,应该适应迎面而来的社会变化,在新的基准之上彻底地进行重新编制。

在这里也不需要附加评语。既然对于日本掌握国家权力的统治层来说,作为共产国际"第五纵队"的日本支部在国内是有威胁的，而最高干部佐野、锅山却提出和共产国际一刀两断，并且提倡在新的基准上进行重新编制，那么这对他们来说应该是一件值得高兴的事情。其他的共产主义者判定，先不论国际权威主义，无条件服从上层机关是铁的原则，因此佐野、锅山对共产国际的公然批判是无法原谅的妄言和背叛。但是佐野、锅山指出的共产国际的偏离和变质等相关内容又如何？即使在干部级别的活动家中，在某种意义上对于佐野、锅山所指出的内容，还是不得不承认的。如果这样，当暂且悬置共产国际的党内斗争原则时，与佐野和锅山相匹配的底层逻辑就顺理成章了。在斯大林垄断下的共产国际的实际情况，的确孕育着转向者们自我合理化的动机。

我们再考察相关的第二个因素：与天皇制问题相关的转向者们的逻辑。

> 日本共产党遵循共产国际的指示，将废除君主制确立为纲领。这比之前1932年纲领中的一个主要目标更进一步，其规定反君主斗争是当下阶级斗争的主要任务。共产国际完全把日本的君主制视为和俄国沙皇一样的东西，并给日本支部布置了与其斗争的任务。……党的政治口号"打倒天皇制"，如同念佛一般，翻来覆去，在所有场合都像浅薄的诅咒话语一样重复着。而像资本家、地主政权这样阶级的语言，在最近的党政机关报纸上都不常见。这种将阶级斗争主题单纯

化，仿佛做一件事就能解决一切问题，恰恰体现了政治性的无能。那是来自现实具体的阶级斗争的事实性的召唤。一切都集中于打倒天皇制的党中的潘诺尼亚们，一方面急切地唤起了小布尔乔亚式的空洞且观念性的自由主义亢奋，同时，另一方面，也越来越难以理解劳动者们的生活和心情。

上面所述的内容，可以说佐野和锅山是直击要害的，但同时又跳跃性地进一步断言：

> 我们日本共产党遵循共产国际的指示，把看上去具有革命性，但实际上有害的废除君主制作为目标，这是根本性的错误。那会让把君主作为护身盾牌的布尔乔亚和地主们更加高兴，而使得一般民众渐渐远离我们党。日本皇室连绵的历史性存在，是日本民族过去独立而不羁、顺应时代发展的结果。——在世界中没有多少类似的情况。而且把皇室感受为一种民族统一的社会情感存在于广大劳动者的心中，我们需要如实把握这个事实。激进的小布尔乔亚分子在基本问题上很容易单纯因为反君主制的模式而亢奋。正是因为这些因素泛滥，如今的共产党几乎被视为和反对君主制的团体类似的东西。然而，虽然工人阶级从他们的阶级生活中本能地诉求资本主义机构的变革，但是这不应该被视为单纯的自由主义或者俄国的反沙皇式的打倒君主论。

这里，打倒所谓的天皇制的国家权力机构，和变革资本主义机构到底有怎样的关联呢？从当时工人大众的社会情感来看，的确，皇室是民族统一的中心，这种信仰的意识形态根深蒂固，而公开表达推翻天皇制就会导致与大众的背离，这个事实不可否认。但是具体该怎么做呢？佐野、锅山并没有给出解答。如果在这里先搁置天皇制的问题，而构想一种以天皇作为统一中心的体制，以及以此为基础的社会主义协同社会，那这和我们在前一章考察的北一辉等人，也就是所谓的昭和维新运动的构想者们所提出的不就是同一套方案了吗？

此时，所谓的"转向左翼"，以及右翼的社会民主主义者，对于之后的历史局面，都向往天皇制下的社会主义。在这里先不论他们虽然都推崇天皇，但对于之后的处理在私下有怎样不同的思考，在天皇问题上，（"转向左翼"）和所谓的右翼立场几乎相同，与其说是同床异梦，倒不如说是吴越同舟。

实际上在经历昭和研究会、近卫新体制和大政翼赞会运动后，这一点基本上成了现实，并且也因此成了"近代超克论"曲折的投影。

为了确定其中发生的事情，我想以分析佐野、锅山提及的第三方面的因素作为切入点，也就是当时已经开始的"九一八"事变（局部侵华战争），并且最终演变为七七事变（全面侵华战争）的问题。

帝国主义战争与国政改革之梦

对于帝国主义国家的左翼势力而言,他们为勉强维持所谓的大众支持所进行的尝试,是有第二国际分崩离析这个先例的。而真正的一道难关是关于战争的问题。

佐野和锅山触碰的正是这个难题,在侵华战争全面扩大之后,"转向左翼"强行将其自我合理化,说的就是这个问题。

佐野和锅山写道:

> 普遍反对战争的小布尔乔亚式的非战论和和平主义并非我们应有的态度。我们是否反对参与战争,取决于这场战争本身是否具有进步性。对于中国国民党军阀的战争,从客观上看,毋宁说是一场进步的战争。而在当前的国际形势下,与美国的战争,是帝国主义之间的战争,它也能够迅速转变为日本这边的国民解放战争。并且,太平洋战争可以转变为解放被欧美资本压迫的落后亚洲劳动人民的具有世界历史意义的进步战争。不过,我们反对与苏联和中国共产党政府之间的战争。我们绝非好战的主战派分子,但是通过重新认识这场不可避免的战争危机,我们坚信将其与国内改革相结合并转化为进步的事物,是我们无产阶级所能采取的唯一道路。这绝对不是劳动阶级大众的排外主义式的亢奋。他们对于不可避免地卷入战争有着必须获胜的决心,并且必然决

心将其与国内改革相结合。把这仅仅归结于大众意识的滞后性,是对民众的侮辱,也是作茧自缚。

因此,这是试图将对中国的侵略战争以及同美国的战争合理化的逻辑。但是,我们也不能仅用"将战争合理化"这一句话就草草了事。虽说被称为"转向左翼",但在立志以他们的方式实际地实现他们的宏大理想的意义上,以何种方式参与其中便成了具体的问题。

我们在此也不怕过于粗略仓促,打算看一看三木清在其中的干系。当然,我们并不认为,三木清的实践是自觉地沿着佐野、锅山的转向声明的脉络的。但是在从第三方视角分析与昭和研究会相关的"转向左翼"的轨迹时,很明显,转向的逻辑狡黠地介入其中,并且最终可以被视为与"近代超克论"相关联的事物。

在1927年,三木清来到东京之后,一边从事教学工作,一边连续发表与马克思主义相关的论文和著作。在"三一五""四一六"大镇压之后,他的思想逐渐左倾。在1930年,由于有给共产党募捐资金的嫌疑,他被关进监狱。然而,无产者科学研究所的正统派马克思主义团体(川内唯彦、服部之总、三枝博音、永田广志),把在狱中的三木当作缺席审判的对象,尽情批判了三木哲学的观念论偏向,并发表声明,解除了他在研究所哲学研究部主任的职务。这一异常举措难道与三木在狱中的快速转向有关吗？从三木在之后几年的态度和著作来看，任何人都能想到的这个假说，是难以成立的。应该说，他是快速的政党纯化主义的牺牲品。

就这样，在1930年这个节点，既离开了讲台，也脱离了正统派马克思主义者团体的三木清，只能依靠写文章维持生计，同时沉浸于原理的研究之中。但在1935年，他再次积极地就政治问题发表评论。这一方面与当时客观的政治形势愈发紧迫的背景有关，另一方面，当时的左翼运动处在崩溃的边缘，我想这双重的条件唤起了他的使命感。

我想先看一看作为三木清时务逻辑的理论背景的时局形势。

日本共产党在1930年，因田中清玄等人的"武装共产党"和"武装劳动节事件"①，以及解党主义抬头等因素陷入混乱之中，但在1931年重新组织起来，1932年时，《赤旗》的发行数已超过7000册，达到了相当的规模。然而在那之后，发生了大森银行暴力事件，到了第二年的1933年，以佐野、锅山为首的大量人员转向，以及狱外的高级干部野吕荣太郎和宫本显治被逮捕，其迅速呈现衰败之势。1935年3月，唯一剩下的中央委员袴

---

① "四一六"事件后，由于共产党干部第二次被连根式逮捕，1929年7月，23岁的田中清玄成为日本共产党中央委员长，并与佐野博、前纳善四郎等人展开了党的重建运动。直到1930年5月田中被捕为止，他们所领导的共产党被称为"武装共产党"。根据共产国际在莫斯科的指示，他们命令党员武装起来，公开活动，有时甚至不惜杀伤警察。结果引发了多起与官府的冲突事件，并于1930年5月发动了"武装劳动节事件"。——译者注

田里见被检举，共产党组织濒临崩溃。

1935年时，美浓部达吉的天皇机关说迅速成为焦点。借用久野收的简明扼要的文章来说，三木清周围的对战争的批判性思想运动和文化运动的镇压，伴随着战局的发展而愈发激烈。广义上的马克思主义及其相关思想人物几乎都被检举入狱，表达的自由被完全剥夺。

1937年7月，以山田盛太郎、平野义太郎两位东京帝国大学教授为中心的旧讲座派学者团体，因"共产主义讲座事件"被检举。同年11月，三木在京都的后辈中井正一、新村猛等反法西斯团体，以《世界文化》、《星期六》和"人民战线事件"为借口被检举。1938年2月，大内兵卫、有泽广巳、胁村义太郎、美浓部亮吉、宇野弘藏等劳农派学者也因"人民战线事件"被检举，被强制保持沉默。同样在1938年2月，以三木的盟友户坂润为中心，冈邦雄、永田广志、古在由重、加藤正、船山信一等拥护的、贯彻从唯物论的理性主义对战争进行批判的唯物论研究会也自动解体，中心人物也难逃被检举和起诉的命运。同年10月，自由主义的代表性理论家河合荣治郎被东大解聘，并最终被起诉。(《三木清全集》第十四卷"后记")

客观的政治形势发展，在当时愈发迅猛。在此也无须赘述作为标志的1936年的"二二六"事件和1937年7月的七七事变。

在这里我们必须铭记的历史事实是，作为名门贵族的知识分子，近卫文麿①以承载着一统天下的期望的姿态登场，并于1937年6月重组内阁。1932年"五一五"事件之后，犬养首相被暗杀，政党政治走向终结，显现出军部独裁的趋向。在那之后，近卫文麿认为，"为了尽早从军人手中夺回政治，政治家们必须踏上这条命运般的道路，也就是世界经济的集团化。对于日本来说，确立日本、满洲（中国东北）和中国的广大经济圈是历史的必然"。他说道："为了领先于军人，就必须实行此命运要求的各种革新。对这条命运的道路视而不见，而只想着如何压制军部的暴行，就永远无法让政治回到政治家的手中。"（《元老重臣和其他》②）当时的舆论认为，压制军部的暴行，并且恢复政党政治的主角只能是近卫文麿。但当初他在军部也很受欢迎，尤其和皇道派关系密切。他从根本上说是反共主义者，但也有接纳左翼的肚量。如今他重组内阁之后，在记者发布会上说道，以前国内产生的对立和争斗是因政治贫困所致，因此决定赦免在血盟团、"五一五"、"二二六"等事件中的受刑者，同样也打算赦免与左翼相关的受刑者（冈义武《近卫文麿》③）。

---

① 近卫文麿（1891—1945），又译近卫文麻吕，日本昭和时代前期的政治人物。20世纪初曾三度出任日本内阁总理大臣。日本大政翼赞会的创始人之一，该会被广泛认为是与同时代之德国纳粹党、意大利法西斯党相似的独裁政治社团，是首位公开支持和德国、意大利结成轴心国，发动第二次世界大战以及中国战场战争的日本政治家，上任不久就策动七七事变，两个月后便爆发了上海会战，且任内出现南京大屠杀。——译者注
② 《改造》1949年12月号。
③ 岩波书店，1972年6月，第57页。

三木清、清水几太郎、笠信太郎、胜间田清一、木村禧八郎、林达夫、风早八十二等人，虽然怀疑究竟能相信近卫到何种程度，但是在当时的状况下，左翼的大众运动根本无法开展，在紧迫的政治形势之下，借助近卫及其人脉的政治力量，几乎是现实政治唯一的出路。（在此先不批判性探讨原则性立场的问题。）

无论如何迷茫，在进入1930年代后，起步于1933年，被称为近卫的政治方案团队的"昭和研究会"大量吸纳了过去的左翼知识分子。有一部分右翼的国粹主义者因此高呼昭和研究会被"赤化"了，其中种种不再详述。

三木清虽然在1938年入会，但是借用荒木几男的话来说，"那只是一个偶然，虽说这个偶然也有超出偶然的特质，这也是一种命运"（昭和团体汇编《昭和研究会》[①]）。

"如果人有可能到最后都旁观，那么现在旁观也不错。但是如果有难以逃脱的命运，那么积极进取，主动参与解决现实问题才是作为知识分子应有的模样。""日本现在不需要阐释的哲学，而需要行动的哲学。"三木清在1938年6月的《中央公论》发表的《献给知识阶级》中这样写道。

"大事件已经发生，它超越了所有的个人喜好，因此如何引导它才是真正的问题。""真正重要的是发现引起这些事件的历史的理性……以及努力为其赋予新的意义。"

---

① 经济未来社，1968年。

而在这里，他所发现的历史的理性，他所赋予的意义，以及在昭和研究会中成为公认意识形态的协同主义哲学，正是三木清流派的"近代超克论"的内容，如今也到了考察其实际内容的阶段。

协同主义的"近代超克论"与哲学

三木清在1939年1月于昭和研究会的官方文书上发表的《新日本思想原理》和同年9月出版的《协同主义的哲学基础续篇》中，概括性且系统性地提出了他的思想（姑且不论这两个文本反映了昭和研究会文化部的讨论，而三木清只是将其记录下来，如今这两个文本被收录在《三木清全集》第十七卷之中）。

"如今以七七事变为契机，日本在政治、经济、文化等各个方面都发生了巨大的变化。""七七事变的发展致使国内的改革以及对于事变的解决变得不可能，这一点愈发清晰。解决事变和国内的改革有着不可分离的关系，而国内改革的问题也不能仅从国内的视角出发，而应当从包含日满中在内的东亚一体性的视角去把握。思想和文化的问题也应从这样的立场来考察。"——三木发表了这样的认识。因此，他是从具体的事件展开讨论的。不过，他绝非单纯地讨论时事问题，他依然从哲学家的角度认为"新的思想，必须从更高层级出发，超克已明显呈现破绽的近代主义"。因此，他自觉"协同主义哲学必须比现有的各种近代主义体系更优越"才行，并且怀有这样的原理能够由自己提出的自负。

协同主义，也就是这个"新日本思想原理"，既是实践的，也是理论性的，并且当下正被论述为超克近代的事物。

我们首先从他与现实政治密切相关的部分进行考察。他是从赋予七七事变以意义开始的。

"七七事变的世界历史意义，从空间的角度来看，是实现东亚统一，进而达成世界统一的可能性。"因此，"东亚的统一并非封建的延续，或者回归封建的状态。相反，中国的近代化是东亚统一的前提，所以日本应当帮助中国实现近代化。在中国近代化的同时，有必要摆脱近代资本主义的弊端，并迈向新的文化。东亚的统一，只有通过从欧美帝国主义的束缚中解放中国才有可能，因此日本借由这次事变，应当努力实现对中国的解放。日本不会取代欧美各国进行帝国主义的侵略。相反，日本自身也应以这次事件为契机，超越资本主义经济的盈利主义，朝着新的制度迈进。解决资本主义的问题是当今世界所有国家的重要课题。因此，七七事变的意义从时间上来说，是解决资本主义的问题。时间上对解决资本主义问题的追求，和空间上实现东亚的统一，是这一次事变应有的历史意义。并且这个空间性的问题和时间性的问题相互关联。若不解决资本主义的问题，就无法实现真正的东亚统一"。[①]他的理论旨趣十分明确，

---

① 《三木清全集》（岩波书店）第十七卷，第508—510页。

因而也无须补充什么评论。

三木清在1938年6月的《改造》中发表《现代日本对于世界历史的意义》①以及其他论文，开始表达"世界史的哲学"的理论，他从具体的普遍世界与历史进行思考，在一国历史的层次和世界历史的层次的中间，为集团的领域找到了位置。如上所示，他认为走向所谓的集团化经济道路是当时世界的趋势，并构想了"东亚协同体"，以东方的人文主义为基础，立志实现作为"共同社会和利益社会综合"的更高层级的广域性体制。

他所构想的"东亚协同体"的思想原理是通过拒斥乃至扬弃已有的思想而确立的。他对民族主义、全体主义、家族主义、共产主义、自由主义、国际主义、三民主义、日本主义逐一进行反思，并论述它们是如何辩证法式地被扬弃。在此我们也无须展开他的具体分析。

需要铭记的一点是，虽承认全体的优越性，但他反对以抹杀无论是个人，还是民族个性的方式来推行全体主义。

他构想一种扬弃并统一共同社会体制与利益社会体制这两种原理的协同主义体制。

那么，立志超克资本主义社会体制的三木清的协同体理论，是如何构想未来的社会体制的呢？

---

① 《三木清全集》第十四卷。

第六章 三木清的"时务逻辑"与隘路

"现代社会中存在阶级的问题是事实,而我们不能对这个事实视而不见。但是阶级的问题不能依赖阶级斗争主义,而是应当立足于协同主义的立场去寻求新的解决方案。"——三木是主张各个阶级之间的协同吗?并非如此,他虽用了颇为迂回的表达,但结果还是主张废除阶级的存在乃至固定的身份。他说:"协同主义是超越阶级利害关系而立足于公共利益的立场,使阶级不再是阶级,而成为更高一层全体之中的职能的秩序,并且这个职能的秩序并非身份性的,而必须被视为功能性的。"从这里的表述来看,可以说是一种"没有固定化分工的社会"。

不过,我们并不打算将三木的理论说成是一种伪装过的共产主义。说到底,转向者的逻辑在起作用,这一点不可否认,他认为"日本文化重要的特色中,首先是一君万民的、在世界之中无可比拟的国体,以此为基础,为协同主义赋予根基",并主张"这种协同主义的普遍意义应当推及整个东亚,并应当让全世界都沐浴在它的光辉之下"。

回头来看,佐野和锅山的转向声明——正因如此才会有众多追随者——他们好歹还有维护共产主义的场面话。但以三木清为首的参与昭和研究会的"转向左翼"们,如今甚至将共产主义本身也视为应当超克的对象。在此,我们需要看到三木以极其狭隘的方式批判马克思主义这一事实(虽然缺乏介绍的篇幅,但特别在续篇中,有关于唯物史观批判的段落)。

三木清说：

> 新思想原理既非机械的平等主义，也非独裁的强权主义。它立足于真正的指导者原理，且必须有机地结合大众的自主性。如今所谓的全体主义，作为对自由主义和共产主义的批判而具有意义，却很容易走向对内轻视成员的人格，对外封闭自身，并且常常沦为官僚主义和独裁主义，存在陷入狭隘的独善的民族主义的弊端。超克此弊端，并确立作为新秩序建设依据的全新哲学和世界观，正是我们日本人的责任。

通俗地讲，对于英美法的自由主义式的个人主义、苏联的共产主义式的普遍主义、德国和意大利的全体主义式的民族主义，超越所有这些原理，并构建出新的原理是"日本人的责任"，在某种意义上，这也是从打算吸收并超克这些因素的孙中山的三民主义中，构想一种协同主义。

为给这种协同主义赋予哲学性基础，三木清探寻一种超越观念论立场、立足于实践立场的新哲学体系：在存在论层面，克服唯物论和观念论的抽象性的具体性立场；在认识论层面，超克摹写说和构成说的对立，而提出形成说；在逻辑层面，采用一种辩证法式的方案；在社会观层面，提出扬弃个人主义和全体主义的协同主义；在历史观方面，超越观念史观与唯物史观的相互对立，而标榜新的宏大史观。

但是，三木的这些构想说到底只是一种志向的表明，并非实质完备的哲学体系（参阅章末补注）。原本，这也超出了展现三木哲学一个破绽的范围——希望大家回想起三木在《文学界》杂志有非常得力的同人这一事实——而成为与战时日本"近代超克论"总体相关的一个事实。

关于他因何、如何、在何处不得不破产，我们如今必须追究其原因和结果。在此过程中，我预计有机会论及本章中应当触及但省略的三木哲学的若干论点和意向，以及佐野、锅山"转向逻辑"的始末。

补注

我想，即便抛开协同主义哲学不论，读者或许也会对被称为克服存在论意义上的唯物论和观念论抽象性的具体立场，以及被称作超克认识论意义上的摹写说和构成说对立的形成说产生兴趣。并且读者可能想了解这是怎样的一种新范式。

在此意义上，我全文引用相关章节以供参考。即便如此，我必须先说明，最终结果想必会让大家失望。因此在此采取下策，将认识论相关章节全文引用，而其他部分只对结论部分做一些介绍。

"协同主义的认识论是形成说，这是综合以往认识论中摹写说和构成说的更高一层的立场。

"摹写说的原本意图是保证认识的客观性，这一意图无疑是正确的，我们的知识并非单纯的主观之物，而是客观的存在，在这个意义上，认识必须是对独立于我们意识的存在对象的摹写。然而，摹写说逐渐将主体视为单纯被动的存在，陷入了未能充分认识其能动性的谬误。在这一点上，认为认识的对象是通过主体构成的构成说是正确的。即便认识是对对象的摹写，这种摹写也是通过主体的活动得以实现的。认识是一种选择，是通过从被给予的事物中选取特定对象才成为可能的，这种选择体现了主体的活动性，在此意义上认识并非单纯的摹写。而且，摹写说已然设定被摹写的对象已然存在这一事实。所以我们通过自身活动性创造出来的事物并非原本就存在的，而是面向未来实现出来的，并且这个事物并非产生于客观过程的结果，而是通过我们主体的活动性创造出来的，因此不能说，相关的认识只是单纯的模仿。换言之，如同摹写说和客观主义是片面的一样，对于历史性的事物，摹写说也是难以成立的。不仅是未来的历史，也不仅是我们当下正在创造的历史，对于过去的历史本身，也是基于当下的实践性立场而被限定出来的。并且实践已然具有来自未来的规定性，因此普遍的历史认识不可能只是模仿。恐怕摹写说和客观主义一样，是片面的。

"摹写说与自然的世界图像相契合，从这一点来讲是很有力的。与此相对，构成说可以说是科学的世界图像，尤其是依附于数学的自然科学的世界图像。我们心中的图像并非是对对象的摹写，倒更像是通过符号所看到的。我们不能要求我们自身心中的图像与被模仿的对象完全相同，并且我们也无法确保这种同一性。符号所要求的是心理图像和对象两侧结构的功能性（函数性）对应。从符号之中获取的，并非被标记物的某些特殊固有属性，而是这个被标记物与其他类似物存在的客观关系。我们通过我们的表象所认识的物体，并非孤立的物体自身所具有的性质，而是其中所存在以及伴随其变化的现实规则。也就是说，我们一贯能够认识的是现实中存在的规律性的东西。这种法则性对我们来说是理解现实的条件，同时也是我们能够直接转移到物体上的唯一属性。摹写说是以实体概念为依据的，而与此相反，关注现象中规律性认识的立场，相较于实体的概念，更重视关系的概念。与认为关系不过是实体的属性这种思考方式不同，相反，我们只有通过关系的概念范畴才能触及物体或实体的范畴。将实体的概念后置而让关系的概念前置，且实体的概念是从关系的概念中构成的，这样的思考方式正是构成说所具有的强大力量和正当性。

"但是在存在论意义以及认识论层面，废弃实体概念是不可能的，因此我们不得不承认，摹写说也具有一定的意义。另一方面，在认识论以及存在论方面，关系的概念也很重要，所以很显然，我们也不得不承认构成认识论也有一定的意义。然而，摹写说存在客观主义的缺陷，构成说陷入了主观主义的弊端。认识既不是单纯的模仿，也不是单纯的构成，认识是一种形成，这从根本上统一了主观和客观。对于摹写说，实体的概念是核心；对于构成说，关系的概念是核心；那么对于形成说，形态（形）的概念是核心。认识是一种形成，这种认识不会走向主观化，而如同创造出主观与客观统一的'形'的技术是完全客观一样，认识在同样的意义上也是客观的。认识作用与艺术家的创作活动是相同的形式行为和表达行为。艺术家将自己放空而如实让对象充分展现，被创造出来的作品也是艺术家自身的显现。哲学、科学以及所有文化的民族性之类的事物都可以如此考量。表达不只是对客观对象的摹写，客观的东西与主观的东西、内在的和外在的统一而形成的事物，也不仅仅局限于人类自身的东西，而是表现出具有超越性和客观性的意义。人性的存在并非像屡屡被误解的那样，是单纯的主观性存在，它作为世界的形成要素发挥作用，因而具有实在性。艺术家并非简单地描绘任意的对象，相反，表现包含艺术意义的东西召唤着他，促使他进行描述这种表达。物理学家也不是将任意的东西选为研究对象，而是表现具有物理学意义的东西召唤着他，他才开始研究。所以我们的表现行为都是从表现着的东西起始，这件事表明，人是表现性形成性世界的表现性形成性要素。认识作用也是表现活动的一种。艺术家或者物理学家时常朝向一种具有理念的对象，他们的创造和研究也被这种理念所引导，这种理念是一种预期性的事物，并非单纯的模仿。表现行为不是单纯客观性的模仿，也不是主观性的构成，它作为主观和客观相统一的事物存在。表现行为是一种形成行为，它通过各种方法作为中介，其最终的目标就是形态。科学也可以被视为已经创造出的某种形态，特别是通过赋予技术和关系，而被赋予具体的形式和关系。形态的概念也应当被理解为是实体概念和关系概念的综合，它和关系的概念一样，是某种功能性的事物，但并非简单的抽象法则，另外，它也不是无实体的东西，而是实体性的功能性的东西。

"东亚的新秩序应当是通过我们的实践而形成的，其并非原本就存在的东西,因此对它的认识不可能是单纯的摹写。另外,东亚的新秩序并非抽象世界的事物,东亚应有的新形式,这种形式不是规律性普遍性的东西,而是特殊与普遍的综合。想要建立新的秩序,有必要对现有的情况进行充分客观的认识,并且不仅如此,主观的意图和理念也是必要的,像这样统一理念与事实、主观与客观的形式,正是我们所要求的认识,它不是单纯的摹写或单纯的构成。东亚新秩序的认识是一种形成。"[1]

以上便是三木清以认识论为主题的这一节的全文。正如这里所看到的,三木清主张,主观和客观的表现性的和形态性的统一态,才是认识原本的存在方式,并打算树立既非单纯的摹写,也非单纯的构成,而是定位于形成的形成说的立场。虽说并非不理解他的动机,但他并非在旧有认识论的两大阵营——摹写说和构成说的对立层面做出甄别,而仅仅是指出两者的长处和短处,并采取了折中的态度。而且他所谓的"形成""表现"等,在认识论机制上并不清晰,只不过是在语言上推导出"形"(形态),即作为替代实体和关系的中心概念。即便表明了动机,但事实上缺乏新的认识论机制的理论性揭示。实事求是地说,这是三木清积极构想却最终未能完成的以《构想力的逻辑》[2]为基础的三木哲学的极限。三木清于1937年开始在杂志《思想》上连载《构想力的逻辑》,愈发坚定要构筑将从前各种二元主义理论统一的体系的想法,而且这也是今日的我们应当继承的东西,可惜的是,

---

[1] 《三木清全集》第十七卷,第568—573页。
[2] 《三木清全集》第八卷。

他在理论层面并未完成。协同主义的哲学也偏离了这个范畴。

"协同主义哲学虽是超越主观主义和客观主义的存在,但并非主客观合一或同一的立场。主客合一的立场最终会走向某种神秘主义,而神秘主义最终也只是立足于观想层面,不具备现实的实践意义,并且通过神秘主义,无法为社会或历史提供基础。主客合一的哲学,说到底是从主客对立出发的,而协同主义哲学,是从对立于主体之物的根源仍为主体这一事实出发,引入'形'的思想,克服神秘主义,并且'形'作为物质性的东西和理念性的东西的统一,同时将精神性的东西推向普遍性的物质的东西,以此构建现实的精神主义基础。"①

三木清虽如此解说,但这个"克服了唯物论和观念论的抽象性"的理论,开启了怎样的新领域,以及它如何扬弃唯物论和观念论,对于这些问题在事例中并不明确。"形"这种东西究竟如何统一了物质性的东西和理念性的东西,将精神性的东西推向普遍性的物质的东西是怎样的一种状况,以及其机制如何,这些问题他都未曾论及。对于这些问题,三木清也仅仅是提出了目的和标题而已。

总的来说,在三木清的协同主义哲学中,应当超克的"近代"及其思想层面并未得到充分的自觉化,因此,它最终未能成为替代近代的新思想和积极的范式。

---

① 《三木清全集》第十七卷,第556页。

第七章　民族主义的"自我欺骗"的绝唱

> 京都学派的"世界史的哲学"中所体现的
> "近代超克论",将日本帝国主义所面临的
> 形势和民族主义的深层心理逻各斯化。

我们迄今描述了战前和战时"近代超克论"的轮廓,在此基础上,我们打算将批判性评论的视角自觉化。如今应将议论进一步推进,转向对所解说的内容本身进行批判性考察的阶段。

对于这项工作的开展,即便先将战后刚结束时出现的议论(如杉浦明平等)搁置一旁,也有必要考察1950年代末小田切秀雄、江藤淳、竹内好等人所进行的研究。但就我写作的方式而言,无暇将前人的评论逐一主题化并重新考察。

回想起来,1960年代安保斗争之后展开的"近代超克论的再讨论",在战后40年的今天回顾,作为已属于战后历史前半段的过往事件,其本身能够并且有必要作为战后日本思想的一章加以考察。但在我看来,在那之后的30年,对这一主题的讨论近乎空白。基于此,我想把竹内好等人的论稿当作当下的材料来进行讨论。

"世界最终战"与东西对决

"近代的超克"在我国被讨论的最初动机,并未超出明治维新以后输入的欧洲文化的范畴,可能是由在西欧出现的论调所触发产生的。但是,应超克的近代只要与西欧文明形成双重反映,并且只要采取"欧洲所谓现代的东西说到底停留在欧洲文明范围之内"的看法,日本的"近代超克论"就无论如何都想从非欧洲的即东方的原理中寻求依据。正因如此,战前和战时我国开展的"近代超克论",先不论水平高低,我认为是具有并非单纯输入思想的独创性和本土性的。

此时,我们必须回顾赋予"西欧-东方"这种对立意识切实感的一种世界史观。

在如今这看似和平的时代,人们或许已经忘却,直至20多年前的1950年代,在一般世人确信的既定观念中,美国和苏联的战争不可避免;而在1926年,人们将"未来日本和美国之间的战争无法避免"这一意识视为绝对确定的既定事实。当时的常识认为战争具有所谓自然法则的必然性,在达到特定的某一国家统治世界之前,会一直持续下去。正因如此,怀着不想让日本失败的心情,为确保永久的世界和平,为保证全世界的安宁与秩序,人们把日本最终赢得战争的胜利并在最终战中留存下来视为绝对的条件。可以说,除了极少数马克思主义左翼,无论是知识分子还是一般民众,这对于当时的日本国民而言是共同的认知事项。

第七章 民族主义的"自我欺骗"的绝唱

所谓的最终决战——虽说在第二次世界大战开始以后，人们预测是日本和德国的决战——实则预测的是昭和初期日本和美国的决战（太平洋战争）。虽然当时并未明确地预测世界最终战的时期和到达最终战的过程，但在当时的一般观念中，苏联并未被算作一个最强国。相反，人们认为，作为西方盟主的美国和作为东亚盟主的日本之间的决战，不仅是力量的对决，也是西方原理和东方原理之间的理念对决。我们必须铭记这些事实。

像这种对于世界历史的预测，如果我们查看当时面向中小学生的杂志，就能发现这种常识已经深入到"少年国民"的层面。而如果我们想要了解在第六章介绍的"昭和研究会"的现实形势背景，以及第六章所讲的以昭和维新运动为前提的通识观念，那么，我想把作为三月事件、十月事件的主谋者之一及参与策划"九一八"事变的"大政翼赞会"高级干部桥本欣五郎的世界史观作为引证。

大正末年，当桥本欣五郎担任满洲里特务机关长时，与苏联的满洲里特务机关长乌龙斯基交往密切。1928年，桥本成为驻土耳其大使馆驻外军官后不久，又被斯大林流放至王子岛，以及他和列夫·达维多维奇·托洛茨基[①]保持联络等事，在如今已广

---

① 列夫·达维多维奇·托洛茨基（1879—1940），俄国的无产阶级革命家、军事家、政治家、理论家、思想家和作家，是布尔什维克主要领导人、十月革命指挥者、苏联红军缔造者和领导者、第三国际创建者，被列宁称为"最崇高的同志"。——译者注

为人知，无须再详细阐述。桥本和第一次大战后领导土耳其革命，也就是打倒奥斯曼帝国、确立共和制度的暴力革命的领导人，同时也是当时的大总统穆斯塔法·凯末尔·阿塔图尔克保持着亲密的交往。他不仅见证了他们当时打破现状的国政改革，同时拥有了在此应被视为东西方世界历史交点之处的、被称为霸权史观的世界史认知。

基于这种东西霸权史观对世界最终战争的预测，也与推进"九一八"事变的关东军高级将领石原莞尔的认知相符。

于是，这个"桥本石原"流派的世界最终战理论通俗化后，成为昭和前期脍炙人口的理论。——近代以前的战争，是以密集阵营的形式相对立的武人集团之间的战斗，即所谓点与点之间的战斗，而榴弹炮成为主战武器的近代，则成了散兵线对散兵线的线之间的战斗，但这也仅限于拿破仑战争以来到日俄战争为止。随着在第一次世界大战中战车、毒气、机关炮等登场，线性的布阵已无法维持，而成为由很多层次的线相互重合、具有纵深的面与面之间的战争。接下来的战争应该是延续点线面继续发展的立体战。"而人无法思考立体以上的形态，因此立体战就是世界的最终战。在那时，人类的文化发展到极限。而发展到极限的文化诞生出发展到极限的杀戮兵器。发展到极限的航空飞机和科学兵器不需要着陆就能围绕地球一周，一个炸弹就可以带走数百万甚至数千万人的生命。这种文明发展到极限时代的战争没有前线和后方的区别，战斗单位反而变得很小，甚至一个人就可以开启一场战争。让战争消失是人类的悲愿。但纵观世界历史，人类和平的愿望、国际条约、伦理道德、宗教观念都无法阻止战争的继续，这一点已被充分证明。而真正的和平只有在经历过最终的世界大战，全世界的人类成为一个统一体之后才有可能。而如今正是逐渐向最终战接近的时代。"

> 世界最终战是亚洲和欧洲的决战，在那时欧洲的文化和头脑全部集中于美国，而亚洲的文化与头脑集中于日本，在那时东西的科学家们同时发明出极限兵器。大战在今天（1930年）往后的40年或50年之后发生，而持续20至30年。

以上所述援引自中野雅夫（《昭和史的原点》第一卷[①]）对于"桥本石原"流派的认知——是昭和10年代后半期日本德国最终决战这种变式的基础——这绝不仅仅是一部分人的想法，同时也扩散到了大众层面。

想要让日本在未来战争中生存下来，应该怎么做呢？东亚各民族之间的团结是绝对必要的。因此便有了"中日协作"以及日满汉鲜蒙的"五族共和"的意向。

读者们可能会联想到，在佐尔格事件中，尾崎秀实的第二份申诉书上写的一段话：

[①] 讲谈社，1972年3月，第48—49页。

如果日本国民自觉意识到未来的历史使命，以及东亚各民族共鸣并支持日本的理想的话，那么可以说，最终战即日美最终战一定是以日本的胜利为结束。①

"中日协作"与"五族共和"

日本军部——虽说当初还仅仅是与民间右翼相联合的改造派的一部分军官集团——面对"九一八"事变与七七事变那样的情况，公然采取武断侵略的政策，同时又强词夺理地打出"中日联合""五族共和"之类的歪理。无论从第三方视角来看多么荒唐，但对当时的人来说，这绝非只是单纯的场面话，而是真的被确信为一种理想。

为了理解"近代超克论"的"东亚协同主义"及其世界历史的立场，我们需要了解其中若干的历史事实问题。

由孙中山领导，中国1911年发起了打倒清王朝统治的辛亥革命，但却被袁世凯篡位，最终演变为军阀割据，而孙中山及其直系同志于1924年重新确立领导权。日本政府虽对孙中山所领导的革命运动采取敌对策略，但是以头山满为代表的民间右翼，一直支持孙中山及其直系同志的反清运动近十年，尽管其间数次武装起义都失败了，却仍然毫不吝啬地提供资金和武器援助。虽

---

① 《现代史资料》第二卷，第27页。

然从结果来说，北一辉妨碍了孙中山，但他在中国居住期间和孙中山一派有直接的合作，这一点无须再次提及。

"援助"孙中山一派的不仅有狭义的民间右翼，之后的政友会总裁兼首相犬养毅在孙中山因1895年夺取广州城的计划败露而逃亡日本时，就将他留在身边；在1907年，孙中山尝试第五次武装起义时，犬养全力援助了他。在犬养时代，当时在三井上海支店的政友会干事长森格为孙中山提供资金支持，帮助他完成了总统就任的仪式，这一点众人皆知。

通过这些类似的史实，我们可以看到，孙中山和他的同志们的革命运动的成功，有日本亲中派支援的一面，而日本这边的亚洲主义者也和孙中山及其直属同志们有情谊，并相信和他们有一致的远大理想。至少在那段时间，把孙中山的心腹蒋介石算作盟友的人也不在少数。

从大局来看，在清末以后，帝国主义列强通过各种方式和途径尝试与反清的各种势力接触，军阀割据的局面也逐渐呈现，但是对于支援孙中山的日本民间当事者，先不论客观上起到多大作用，就主观认识而言，把孙中山视为大亚洲主义同志和联盟者的人占大多数。

在孙中山去世后，在破坏第一次国共合作的蒋介石与中国共产党呈现对立状态的1927年（昭和初期），一部分日本右翼活动家、在野党政治家，以及军队内部一些自称亲中派的将校，深信在与欧美列强和苏联的对抗战中，日本将会与蒋介石阵营形成联合态势，也不无道理。

考虑到这样的脉络，作为即将到来的西方－东方的决战准备的"中日协作"的构想并非白日梦，而是能够赋予现实感的事物。

关于"满洲"的问题又如何呢？企图占有被称为日本生命线的"满洲"（今天中国的东北地区）是赤裸裸的民族利己主义，说到底并非真正的"日满联合"，由此也能看出，"中日协作"也是不可能的，这不也是显而易见的事实吗？但这里实际上存在能够运作意识形态的自我欺骗的空间。

通过日俄战争，日本从俄国那里"继承"了俄国从清朝那里得到的中国东北的权益，但在那之后，围绕满蒙的问题，日俄关系持续紧张，并且在当时的舆论中，"日本进入满蒙是为了阻止俄国侵略和统治中国的野心，往大里说是为了打破、粉碎白人统治亚洲而确保东方自主性"这种自作多情的自我合理化言论大行其道。但是如果这个逻辑能够成立的话，日本也应该自动放弃中国东北或中国的权益才对呀，对于这种必然的疑问，其中不乏用场面话回答的人。但是，他们的逻辑是，如果现在日本退出来，那么俄国必然趁着这个空当重新入侵，从而使日俄战争中付出巨大牺牲"守护中国远离毒牙"的成果化为乌有。这种想法，在清朝末期的混乱状态以及辛亥革命之后的军阀割据等状况中，不外是自我欺骗的借口。

对中国强硬提出"二十一条"的帝国主义要求也是基于这种自我矛盾，但也有在昭和初期继承孙中山衣钵的政权并未实现中国统一的情况，因此人们找出将日本帝国主义侵略满蒙作为过渡性措施而自我合理化的理由。

但是，正如我们在第五章所看到的那样，在昭和初期，快速确立"日满经济集团"的势力必然兴起。在这里，也有建设日满汉鲜蒙的"五族共和的王道乐土"，并伴随通过此成绩向中国的政权和民众宣扬"日本的侵略根本不同于欧美列强，并希望你们能理解五族共和的东亚共同体的理念"的意识形态自我合理化。总而言之，在短时间内确保和开发中国东北的资源，并以此快速地为即将到来的日美战争做准备，这一动态将关东军推到了中心位置。

1931年的"九一八"事变和伪满洲国的建立就是军部暴行的具体表现。

借用大内利文章的说法，"像这种虽说是'五族共和'，说到底不过是以日本为统治者的协和。而且另一方面，当然也并非想要实现他们所谓的王道乐土。这个说法本来就是一位'满洲'文治派的巨头——于冲汉写的，当初是作为石原莞尔等人的理想。作为军政家，一方面显示自己的精明强干，另一方面也是作为年轻法西斯主义者的一种理想，即不让资本主义的毒害进入'满洲国'，而梦想建设他们的理想社会。当初反对已有的财阀进入'满洲'，就是这种思考的体现"（中央公论社《日本的历史》第二十四卷）。如果在这里插入评论的话，1937年12月26日，当时的陆军大臣荒木贞夫在说明"军部一方迄今为止的新满蒙政策"时表明,"我们要绝对避免资本家垄断这一利益的事态,各种产业由国家直接经营,而从满蒙得到的收益全部用于新满蒙的建设和彻底的开发"。

但是资本主义的现实是很残酷的,如果想实行中国东北的经济开发,仅依靠小农民和中小生产者的小资本主义是无法实现的。"日本的资本毫不客气地流入'满洲',开始着手榨取'满洲人'。特别是1932年8月,在以上述石原为首的理想家们离开'满洲'移居东京之后,伴随'满洲'因军事上的要求而快速的重工业化,日本大量的利益集团开始涌入。"

而且掌握中国东北经营实权的新官僚"想尽量将'满洲'的经济计划化、统制化。而日本也进入了法西斯统治的时代,革新派的军人和官僚热衷于通过统制而进行快速的经济开发……其结果,除了造成利益集团与官僚之间相互勾结以外,一无所获。并且官僚的腐败堕落,让所谓的王道乐土的影子渐渐变得淡薄。……就这样'日满亲善'终究沦为一句空话,而中日两国的敌意也逐渐加深"。

包含这种经历,同时经过华北事变和上海事变,以及当地驻军不顾日本政府不扩大战争的方针而独断专行等因素,最终陷入了七七事变(中日战争)的泥潭,历史的车轮朝着太平洋战争前行了。

"近代超克论"的登场,就是在以上的历史局面下,与当时的历史发展相互关联的产物。

日本近代史难题的缩影

竹内好在非常有名的论著《近代的超克》①中认为：

> 近代的超克就是所谓的日本近代史难题的缩影——复古与维新、尊王与攘夷、锁国与开国、国粹与文明开化、东方与西方，这些传统基轴的对抗关系，在总力战的阶段，在对永久战争理念进行解释的思想任务的逼迫之下，作为问题而同时爆发，这就是近代超克论。因此问题的提出，在这个节点是正确的。它只是集合了知识分子关心的议题。

但同时，他也这样写道：

> 近代超克论最大的遗产并不是战争和法西斯意识形态，它甚至都没能成为战争和法西斯主义的意识形态，其有志于形成思想而结果恰恰是丧失思想。②

依照竹内好的观点，"近代超克论令人不满的结果是因为问题的提出是基于别的理由"，而"并没有解剖战争的二重性，也

---

① 参考第四章相关注释。
② 《竹内好全集》第八卷，第 17 页。

就是说，问题并没有作为问题而成为认识对象"。①

结果究竟是怎样的呢？战时的近代超克论没能成为战争与法西斯的意识形态吗？并且，在那里"并没有解剖战争的二重性，也就是说，问题并没有作为问题而成为认识对象"吗？

笔者对于竹内好非常有名的论述并非完全没有异议。鉴于竹内好的见解（筑摩书房《近代日本思想讲座》第七卷《近代化与传统》，1959年）对此后"近代超克论"的评价有巨大的影响，我认为很有必要重新探讨。

不限于《文学界》杂志座谈会的"近代超克论"，《中央公论》的京都学派座谈会和保田与重郎（日本浪漫派）的观点，也在竹内好的讨论范围之内。但是关于京都学派"世界史的哲学"并没有在专门的座谈会以外的范围作为问题讨论，而作为《文学界》成员的、过去昭和研究会的思想家三木清的理论也被置于讨论之外。在此意义上，我觉得竹内好的判断的确并非毫无理由，但他视角下的"近代超克论"作为昭和思想史论的方法论步骤过于狭隘。因此，笔者用了好几章的篇幅试图扩大讨论范围，我觉得，眼下可以进入一边讨论竹内好的理论，一边推进讨论的阶段。

竹内好认可，"近代超克论"一词，"在战争时期成为日本知识分子中的流行语，同时也是一句魔咒"。它和"大东亚战争"

---

① 《竹内好全集》第八卷，第65页。

相结合，起着标志性的作用。另外，他也认可京都学派的座谈会为"开战的诏敕提供了完美的说明"和"出色的图式"。但是，竹内好认为"他们并没有创造出战争和法西斯的意识形态。而只是把公共的思想做了复述，或者做了解释而已。而最后起意识形态作用的是别的因素，他们的思想力并没有推动现实"。与这个判断相联系，他继而得出前述"甚至都没能成为战争和法西斯主义的意识形态"这一结论性评价。

京都学派的"近代超克论"，说到底只不过是公共思想的复述和解释吗？即便如此，它不也明显地成了战争和法西斯意识形态的一种形态吗？当然，如果只是简单地总结的话，将其称为"京都学派的……"，可能没有意义。但是，竹内好自己也承认，京都学派对于"开战的诏敕提供了完美的说明"，而带来了本土化的范式和教义学①。在此意义上，这种教义学不正应被认定为京都学派的"战争和法西斯主义意识形态"吗？

的确，可能"他们的思想力并没有推动现实"，但是，无论在何种场合，所谓"思想力"的东西，都不可能直接推动所谓的现实。我可能未必明了竹内好所说的事态。但是，他们的思想和他们的解释与说明，让很多青年学生和知识分子意识形态式地接受了"大东亚战争"的"世界史意义"，而主动肯定了战争与天皇制法西斯的体制。就此而言，它成了现实的能动性因素，竹内

---

① 又称教条学，起源于神学领域，是解释信仰教条的理论。——译者注

好也无法否认这一点吧。因此,很难认可竹内好关于过去"近代超克论""甚至都没能成为战争和法西斯的意识形态"的判断。

笔者想作为问题讨论的,不是甚至没能成为意识形态这一事实本身,而是关于以下思想内容的论点。

竹内好认为"过去的近代超克论并没有解剖战争的二重性","近代日本史的难题,没有被作为难题来认识"。但从现实情况来看,难道不如说是,在将这种二重性自觉化的基础之上,而尝试统一于意识形态,并且尝试通过意识形态解决这个难题吗?并且,难道不是因为这个特质,知识分子才以此为战争体制翼赞寻求理论依据吗?

正如之前引用的那样,竹内好明确地说:"近代的超克就是所谓的日本近代史难题的缩影","复古与维新……国粹与文明开化、东方与西方,这些传统基轴的对抗关系……作为问题而同时爆发,这就是近代超克论"。这难道不正是近代超克的讨论将解决难题认识为课题吗?关于战争的二重性也是同理。当然,竹内好可能说,这并不是对于难题的真正认识,并且也不是对于战争二重性的真正解剖。若作为最终的判断来说,我们也未必需要提出异议,但从当前的问题来说,"近代超克论"就是志在以一定的方式认识竹内好所说的难题和二重性,并且将其解决乃至扬弃统一。正因为如此,它才能够回应作为过去的意识形态的要求,我认为这些方面我们有必要掌握。让我们记住上述的问题意识,回顾一下过去的讨论。

民族主义的傲慢与欺骗的深层

我们之前在第三章也算考察过京都学派高山岩男的"世界史的哲学"。虽然其中并未显现出关于世界最终战的预测,但已经用明确的语言表达了有关日本侵略和经营满蒙、日俄战争在世界史中的地位等问题,还探讨了日本对华战争和对于英美战争的"二重性"。——这里,我想避免反复引证该理论的烦琐,拟将与《文学界》杂志座谈会相并列的另一个"近代超克论"的座谈会,即进入竹内好考察范围的《中央公论》杂志的京都学派座谈会,作为讨论的素材。

> 通过日俄战争,日本防止了俄国入侵亚洲,自那以来,日本和中国应尽快达成亲密关系这件事已被置于命运之中。所以,为什么到最后日本人和中国人的合作没能成功?我认为这是东亚的悲剧,也是世界史真正的重大问题。中国错把日本的行动看作与欧美一样的帝国主义侵略,我认为绝对不能那样解释。而且退一步说,就算解释为帝国主义侵略,也还存在遗留的问题,那就是为什么日本人一边采取这样的态度,另一边又防止中国被瓜分?那么,为什么日本的行动会有这种二重性——极其不明确的二重性呢?……不了解这一点,中日的联合是很难的。
>
> 把日本对中国的行动误解为帝国主义的看法,是因为当

时世界秩序的历史性限制。但是那种行动从现在大东亚建设的某种意义来看，它与理念地克服帝国主义的行动有着必然的联系。从那里回过头看，我们可以了解到，过去的行动也潜藏着不能解释为帝国主义的隐含意义。

我的想法也大致如此。我认为，将过去的中日关系正当化，是今天大东亚战争的理念。

以上引用的是在座谈会纪要《东亚共荣圈的伦理性和历史性》①中高山岩男和西谷贤治两人的对谈，这种思维方式，也适用于其他的出席者（高坂正显、铃木成高）。

京都学派的历史哲学，特别是在高山那里，主题是以黑格尔历史哲学的方式设立历史理性的自我实现，并倾向于将过去的历史事件解释为实现某个历史理念的手段性阶梯。抽象地说，即以符合这一主题的形式，定位于"大东亚战争"的理念，解释并合理化过去日本的对华行动。

在此意义上，竹内良知②解释其具有"京都学派极力掩盖战争的侵略性质"的倾向，与此相对，竹内好认为"并非极力掩

---

① 收录于《世界史的立场与日本》，参考第四章相关注释。
② 竹内良知（1919—1991），日本哲学家。关西大学名誉教授。京都帝国大学毕业。旧制松本高等学校教授，战后任名古屋大学副教授，1977年任关西大学教授，1989年退休。从事斯宾诺莎、西田几多郎研究，战后倾向于马克思主义。——译者注

盖,而只是解释"的说法姑且也算合理。但就算是竹内良知,也并非主张京都学派是自觉地或有意识地"极力掩盖"。这样的话,不得不说,二者在这一点上的对立,最终以擦肩而过的形式结束了。真正的问题,是这一"解释"的姿态。

即便假设能够承认"大东亚战争"的理念或"大东亚共荣圈"的理念,也应当可以批判地分析过去日本帝国主义的对华行动,此时也能够接受反照性地反向规定"大东亚战争"的理念。

在这一点上,参加昭和研究会的三木清等人,与京都学派的高山等人存在分歧。并且进一步说,在这一点上,所谓昭和维新派的右翼理论家们的立场,毋宁说是批判和否定京都学派的追认主义。

从先前引用的段落来看,作为"日本的对华行动不应被看作帝国主义"的理由,京都学派的论客举出了日本反对瓜分中国这一事实。与此相对,论者们"日本帝国主义是想把中国整个殖民化,因此才反对瓜分"的这种说法,的确不太有说服力。而且从当时的力量关系来说,那是非现实的反映。另外,也无法完全否认,政治家们确实怀有某种亚洲国际主义的情结,并因那份情结反对瓜分中国。

但是,如果从世界历史的角度来看日本的国内体制和对外行动,这件事情应当无法成为帝国主义这一确定事实的反证。

在当时,"日本国民"怀有作为东亚各民族"盟主"的意识,并且有作为东亚盟主的使命感,另一方面,他们也坚定地认为无法避免与欧美列强和苏联的战争,并对是否能够获胜抱有非常强烈的危机意识。以1929年经济大危机为界,世界经济的集团化也给日本经济带来了深刻的危机。为了形成日元圈,入侵东亚各国便成了历史的要求,在此意义上,不可能不意识到所谓的"广域经济圈"和"日本生命线"。这时,日本对于欧美经济和军事的危机感就不单被理解为日本一国的危机,而且被理解为东亚的危机,而以欧美列强的对华政策为标志,这种理解具备了现实的基础。另一方面,中国的民族主义也达到了一定的高度,以排斥日货的形式呈现,并出现了中国民众层面强有力地尝试抵抗日本帝国主义入侵的状况。

在这种历史形势下,在无法跨越日本民族主义情感的逻辑、"种的逻辑"(田边元)的大框架的情况下,必然产生诸如形成"东亚协同体"及在与欧美列强的对决中获胜的愿望和构想。作为盾的反面,这些构想相应地要求"国内改造"。——这些类似的计划尽可能地从各种谱系中产生,被各种运动组织有计划地推进。例如,以与民间右翼相联合的桥本欣五郎为首,陆军内部的各个派系在昭和10年代的运动,以及昭和研究会和大政翼赞会的早期运动,都切实地去追求这些,在此无须赘述。

这些构想和基于这些构想的实践遭遇挫折之后,如同密涅瓦的猫头鹰一般起飞的,就是《文学界》和《中央公论》的"近代超克论"。但其并非单纯是密涅瓦的猫头鹰。*在日美开战这一现实之前,并且,在驱散知识分子一向害怕的战败而获得首战大胜①的狂喜气氛中——知识分子消解了长年的对华行动和国内统制派强压的"无法忍受"和"不满之感"——再次促进了将战争与国体合理化的决意。日本在对美战争中的胜利,使"各个国家各有所得",因此日本民族达成了其历史"使命",万事终于可喜可贺地终结了。这里,确立了精神和文化层面的世界新秩序,代替了近代欧洲的旧原理,"必然确立新的历史性、社会性的文化原理"。

因此,1942年的"近代超克论"成为"当今团结在一起的世界的领导民族日本"自认为"应该向世界提出并加以传播的"新原理"。但是,它的实质内容并未超出多少追认现状的范畴。

---

* 这里广松涉两次使用的"密涅瓦的猫头鹰",典出黑格尔《法哲学原理》序言部分。黑格尔写道:"关于教导世界应该怎样,也必须略为谈一谈。在这方面,无论如何哲学总是来得太迟。哲学作为有关世界的思想,要直到现实结束其形成过程并完成其自身之后,才会出现。概念所教导的也必然是历史所呈示的。这就是说,直到现实成熟了,理想的东西才会对实在的东西显现出来,并在把握了这同一个实在世界的实体之后,才把它建成为一个理智王国的形态。……密纳发的猫头鹰要等黄昏到来,才会起飞。"(商务印书馆1961年版,第16页)引文中的"密纳发"即"密涅瓦",也即希腊神话中的智慧女神雅典娜。借用这一黑格尔的经典表述,广松涉至此似已清晰表明了自己对两个"近代的超克"座谈会思想倾向的认识,即它们并非单纯是对历史发展进程给予事后的哲学省思,而是有着强烈地参与今后历史进程的欲望和冲动。——编者注

① 指珍珠港事件。——译者注

迄今为止，理论家们讨论过去的"近代超克论"的时候，几乎只讨论1942年的意识形态形式。

但是，笔者认为，相较于成为新闻报纸的无果之花的末期状态，更应该关注从昭和初期至大战开始之前形成的思想内容，我将继续阐述这一观点。

从这一观点来看问题时，"近代超克论"是意识形态般地体现和表明当时日本民族在世界中的位置和情况，以及赌上生死的愿望——在没有进行充分学理的分析和把握的情况下——的事物，因此想从思想史方面来探究它，就有必要定位当时历史的深层结构及其脉络。

过去的"近代超克论"，就算作为"尝试解释或解说公共思想的事物"（竹内好），作为将当时日本民族主义的深层心理进行自我欺骗式的逻各斯化的事物，也并不直接意味着这一思想本身毫无意义。况且被称作某种思想或某种理论的事物，一定是投射当时社会历史状况的意识形态的一种形式，因此仅仅给它贴上意识形态论的标签，无法称其为思想史的探究。况且，也无法从中清晰地得出正反面的教训和遗产。

那么，对于今天的我们来说，"近代超克论"孕育着怎样的理论遗产？我想从下一章开始，探究它的遗留结构，并重新反思前人的论述。

第八章　绝望的余焰与浪漫主义的自省

> 与承受无产阶级文学运动的挫折而登场的"新兴艺术派"和"日本浪漫派"相拥抱，从观念上逾越近代的西欧文明。

在战前和战时被日本理论界热烈讨论的"近代超克论"，其结局如何？我们如今已到了鸟瞰其遗留结构的阶段。

对于"近代超克论"，应当如何理解应被超克的近代事物的基础，这自然分为几种不同的类型。

作为任何人都会立刻想到的基础，我想可以列举出三个方面。其一，从将近代定义为人类中心主义的时代（在与中世纪的上帝中心主义时代相对比的意义上）这一视角来全面处理近代的历史现实的想法；其二，从将近代的实质内容理解为与所谓资本主义社会体制下的经济、社会、政治的架构相适应这一视角出发进行讨论的结构；其三，认为所谓的近代，与其说是一种时代概念，不如说是一种文化形态论的规定，进而分析西欧文明的世界统治形态的论证方式。

当然，这三者未必相互排斥，反而是以各自的方式包含着其他两者，并分化出多种多样的下级分支。

概括而言，那时我国的"近代超克论"是从第三种认知基础出发而展开的一种独特讨论，其中以相应的方式蕴含着第一、第二种讨论脉络，正如之前所预告的那样，它尤其受到马克思主义的影响，呈现出复杂而曲折的情形。

转向文学的分支与日本浪漫派

日本浪漫派，与《文学界》团体以及京都学派，即所谓的战争时期"近代超克论"的三派统一战线——其象征是《文学界》杂志所登载的座谈会"文化综合会议讨论会——近代的超克"——关于近代，他们未必立足于统一的认知之上，因此关于超克的内在内容以及方向，并非在一个意义上展开。

《文学界》团体被贴上了新兴艺术派与转向派的集合标签，从人员方面来说可以这样界定，但思想方面却极为庞杂。从如今的问题节点来看，其各种有力的团体不少更接近日本浪漫派。

另外，关于日本浪漫派，虽然从常识角度认为保田与重郎是代表，但是这次座谈会，他虽然答应出席，最终却并未出席。并且他在第二年的《大东亚战争和日本文学》中写道："作为文化艺术上的战争讨论，我们对于战场做了充分的心理准备。而且'死于君主身边'这种古人所歌唱的东西，正如今天英勇的士兵们所实践的那样。古人的死于君主身旁的志向，仅仅是想死于君主的身边，而没有考虑别的什么东西，也不会宣扬什么。因此我们今天的战争论为什么非要用什么世界史、什么世界观的这种西方蛮夷的思想来言说这种赴死的意义呢？大概这是所说者的文明开化意识……"[1]通过这一点我们可以推测，保田与重郎是瞧不上《文学界》座谈会这种形式的。

那么，具体情况如何呢？就算被称为近代的超克"论"，这些思考说到底不就是些无法被预期成为任何总结性理论的东西吗？在某种意义上，确实如此。《文学界》座谈会，实际上并未展示出任何关于当时思想的总结。但是即便如此，在那时的青年知识分子当中，"近代超克论"却有着魔法般的影响力。与其说是理性的认同，不如说是心情的共鸣。的确，京都学派从哲学上展开近代超克的讨论，可谓在心情上给予了理论的保障，但成为先决条件的，确实是某种心情或精神方面的准备姿态。

我们不得不关注这种心情。对于过去的"近代超克论"，如果打算仅仅作为理论问题，在哲学的土壤上进行重新检讨的话，分析京都学派和转向马克思主义的理论家们的理论就足够。但是，如果将今天的理论风向也纳入范畴，在计划看清前车之鉴的意义上，我们就不能忽视理论之前的心理层面。

这里应该注意的心情，在当时的表现是以对现状的绝望为中介的犬儒主义，以及看透西方文明之后反射性的国粹式的美意

---

[1] 《东亚文化圈》1943年3月号。《保田与重郎全集》（讲谈社）第十九卷，第212—213页。

识。事实上,对于过去的理想主义的实践挫折所带来的绝望,以及作为过去受西方文明影响的结果的国粹意识——特别是在战争时期,在青年知识分子那里,实际情况毋宁说是一种期待感的落差,乃至回退到一个自我满足、自我安慰的领域——我们需要留意这些情况,首先考察日本浪漫派的状况。

"乍一看拥有完全相反性质的《人民文库》和《日本浪漫派》,其实可以说是日本作家同盟[①]解散之后,在转向文学泛滥的文学地基上萌生的同父异母的兄弟。"(平野谦)[②]《人民文库》和《日本浪漫派》是"转向文学的一棵树生出的两支分枝"(高见顺)。[③]

无论是从人员的构成还是从思想的轨迹方面来说,日本浪漫派都是无产阶级文学运动受挫之后的遗腹子。如果引用现代日本文学辞典的说法,在日本文学作家联盟解散之后,龟井胜一郎、本庄陆男、田边耕一郎等人发行团体杂志《现实》(创刊于1934

---

① 指日本无产阶级作家同盟,日本昭和时代存在的无产阶级文学团体。虽然出版了同盟自己的刊物《无产阶级文学》(1932—1933),但由于当时日本共产党的战略以及运动方针上的错误和不成熟,在"九一八"事变后加重的镇压下,于1934年3月发表声明解散。最初简称为"作同",1932年2月加入国际革命作家同盟成为其日本支部后,简称定为"NALP"。解散后盟员分成小组,各自出版杂志继续活动。——译者注
② 《现代日本文学辞典》(河出书房),"人民文库"词条。
③ 高见顺《昭和文学盛衰史》(文艺春秋,1958年11月),之后收录于"文春文选""福武书店文艺选书"。

年），意在从过去的马克思主义文学的规范当中脱离出来，建立新的文学形式，该杂志于第四期（准确来说是第五期）停办。当时最有影响力的团体杂志是太宰治、檀一雄、山岸外史、今官一等人的《青之花》，保田与重郎、中岛荣次郎等人的《我思》，北川冬彦、井上良雄、神保光太郎等人的《面包》等。以这些杂志为母体，由保田与重郎、龟井胜一郎、神保光太郎、中古孝雄、绪方隆士等人主导的《日本浪漫派》创刊，并在马克思主义文学消失之后，为文学界带来了新的浪漫主义风潮。

若窥视幕后，日本浪漫派也未必自觉立足于作为一种主义的浪漫主义之上。根据龟井胜一郎的回忆，"在去年（1934）秋天，保田和神保在郊外散步的时候，突然说出了日本浪漫派这个名称，我们都非常喜欢这个名称，虽然没有具体要做什么的计划，但是感觉到这个名称下有某种共通的情感，最终，我们想把寻找这份情感作为事业。我们想以一边寻宝一边旅行的王子姿态，在配得上《日本浪漫派》的人生中，开拓新的文学道路。在现代，应该怎样确立浪漫主义这种东西？它根据每个人的生活和体验及世界观而有所不同。但是，正如林房雄在狱中所传达的'高洁的精神''激进的愤怒''至高的孤独'等话语，也不能把它当作现实。恰恰是，如果不执拗地把作为反面的平凡事实与残酷现实结合在一起，说到底无法进入浪漫主义的高调"。

浪漫主义让思想史家们颇为困惑，原本作为概念的浪漫主义，概括地说，确实对近代启蒙的理性主义怀有摇摆后退的特征。从由理性复归感性及憧憬中世纪的层面出发,相对于被视为"实现"启蒙理想的近代利益社会原理而设置公共社会,反向设定相对于近代个人主义之自我的民族之大我等,它虽以多种多样的形态出现,但根底是对启蒙主义的近代理性的失望和反思,而且我们姑且认可,它并不会仅仅停留于反对的层面,而是怀有志在超越它的姿态。

对照欧洲浪漫主义以法国大革命为机缘,在日本浪漫派那里,追根溯源,是否真的存在作为先行条件的、与启蒙理性主义相对照的东西?是明治维新和文明开化主义吗?或者是俄国革命与盛行一时的马克思主义?

这样的问题,即便在第三方视角或事后能够提出,但对于当时的人来说或许是没有意义的。但是当事人说在日本浪漫派这个名称里感受到了一些共通的感情,关于这点,我们必须进行深入的分析。在这个线索下,无产阶级文学运动(或者更广义的马克思主义运动)的挫折和转向的事实就成了问题。

无产阶级文学运动的挫折,总体来看固然有镇压封杀的影响,但如果仅有外在的镇压封杀,像日本浪漫派这样的事物也不可能诞生。在《人民文库》和《日本浪漫派》这对异母兄弟诞生之前的历史中,夹杂着无产阶级文学运动本身所孕育的某些问题。

"作家联盟正式解散是在1934年3月,但是在1932年和1933年的时候,已经陷入了混乱的旋涡之中。1933年秋天,我和德永从作家联盟脱离。我想还有很多人脱离。……向来作家同盟把政治主义运动和文学运动混为一谈,因此承受了不必要的镇压,而作为文学本身并没有发展,现在正是克服过去的政治主义偏向,必须作为文学运动重新出发的时候。林房雄叫着让文学回到故乡。德永也一再强调要重新出发。"这是无产阶级诗人渡边顺三的回忆,与此文相关,过去为日本文学联盟献身的,依赖于《人民文库》的活动家高见顺写道:

> 当时我和渡边顺三一同是联盟的成员,因此对于当时的政治主义偏向深有体会。……不要觉得政治主义的偏向只是一种偏向,遵从日本作家联盟指导部的方针而从事团体活动的我,也创办了几个左翼的团体杂志,但在加入作家联盟的时候,本部命令我解散这些团体杂志。他们虽然说创作活动应该以机关新闻为中心,但对于我来说,事实上这和被发表机关剥削是一回事。
>
> ……他们对于作家团体采取了和政治团体一样的组织方法。这种政治主义偏向不仅在组织方面,在创作方面也有所体现。(《昭和文学盛衰史》)

缩短睡眠时间写的小说送到了作家联盟的本部,而小说受到了政治主义式的批判,被送了回来。因为无法忍受这种政治主义式的批判,高见顺写了抗议文。在1932年10月向《无产阶级文学》所写的文章中,他再次引用了下面这段话:

> 批评中完全没有指出我的小说有什么欠缺的东西，而是笼统地说，现在的军需品工厂的状况在政治上有什么样的意义，因此就必须描写什么样的事情，这样装糊涂般地岔开话题。……伴随这种要求一个作品应从何处到何处的愚蠢至极的公式主义的、错误的政治主义偏向，作为作家是必须要反对的。这种批评对于批评家来说是特别容易的工作，但将把作家一个不留全部杀死，甚至扼杀了他们的萌芽，而让他一个人独步于荒凉的风景之中，这还不算完，还有更加奸邪恶劣的性质。……我更加大胆强烈地向这种类型的批评家、这种批判的偏向提出抗议。……我们的批评不能将作家和作品所有的意义都屠杀殆尽。

无产阶级文学运动的政治与文学的问题在于，哪里是原则性的底线，哪里是一种偏向，这其中包含着无法简单说清的东西。但是无产阶级作家同盟的成员有相当多的人感觉到了日本作家联盟方针的政治主义偏向，这是历史的事实。关于这一点，转向文学当然无法免责。要追寻日本浪漫派及其"近代超克论"出现的轨迹，这其中也有不可忽视的因素。

日本作家联盟的《解体宣言》（发表于1934年3月12日）写道：

> ……在今天的条件下，我们的活动的具体形态应该是怎

样的呢？一句话说，就是最大程度地保证作家的创作活动，而可能的具体形式便是如此。

我们能够预见到接下来的情况，就算克服依据过去的政策而实行的机械式的极左缺陷（容易给敌人攻击的借口），过去的形式恐怕也已经无法将今天的作家们维系在一起。……今天我们认为，作家们自主地向各处前进的具有实质性的活动形态，才是新的文学运动形式的依据。……因为预见到了这些事，我们宣布解体曾带有历史光辉的日本无产阶级作家同盟。这并不意味着放弃无产阶级文学，而只是停止不适应于今天时局的形式，开拓对无产阶级文学进一步发展最合理的解决途径。……①

与日本作家联盟《解体宣言》相呼应一般，一年后创刊的《日本浪漫派》的创刊词中出现了以下内容：

观察近期文学界的习惯，自称艺术提倡文学时，即把文艺作为取巧轻薄的方便手段，俗之丑恶。……正在此时，我们号称浪漫派，就是提倡尊重艺术，高唱诗的精神，弘扬艺术人式的根性。②

---

① 《近代日本思想大系》35，第390页。
② 《日本浪漫派》1935年3月号。《保田与重郎全集》第四十卷，第331页。

原本日本浪漫派在最初并没有提倡"近代的超克"。之后这个流派渐渐表明的理念是，不能仅仅把文学运动内在的自我展开作为专门问题，而应该在关联于日本的历史现实中，特别是在"九一八"事变开始前后的社会、经济、政治、思想的重构动态中去理解。但在这里来不及详细追究事实的经过。

不过在这里必须要铭记的是，对于马克思主义者来说，在思想层面转换时，就是世界观的总体、价值观总体的根本转换这一事实。屈服于镇压，并且由于政治运动方针上的对立，单纯地从组织活动中脱离的话，作为"主义"的马克思主义世界观、历史观和文化观是可以继续维持的。但是，转向或者在思想自身的层面自我合理化从组织的脱离，就是决定性的价值转换了。

马克思主义者并不是把马克思主义绝对化为超越性的东西——这一点和宗教不同——但是在历史相对性的前提下，与其他的主义、其他的意识形态相比，他们把马克思主义相对地绝对化了。在此意义上，从作为一个"主义者"来说，他是一个马克思主义者。通俗地讲，马克思主义者把马克思主义认知为近代欧洲各种思想、各种理论的最高峰，并且是扬弃现有各种理论的最高点。因此如果他在思想层面从马克思主义思想转向，就意味着不把马克思主义视为最高价值，一般来说，就意味着将现有的欧洲所有思想全盘贬低。也就是说，自觉地放弃马克思主义，就意味着当事人意识到要将西欧近代文明的各种思想和价值观的固有属性全部超越。

当然，也不是所有的转向者都在思想层面自觉地放弃了马克思主义。另外，也不是没有人自觉地转向被视为马克思主义之下的思想形态，即欧洲的其他思想。但是，从被认可为欧洲思想最高峰的马克思主义自觉或半自觉转向，并且那种转向不是内在的自我展开的话，或许就会转向东方的某些东西，日本浪漫派的情况便是如此。

文明开化逻辑的终结与新生

日本浪漫派的代表者保田与重郎自己，1939年在《关于文明开化逻辑的终结》一文中写道：

> 日本文明开化的最后阶段就是马克思主义文艺，马克思主义文艺运动是明治以来文明开化史的最后阶段，在这个意义上，日本浪漫派从历史角度来说是这个阶段的结论，并且也可以说是走向下一个曙光的黑夜中的桥梁。①

通过超越文明开化史最后阶段的马克思主义文艺运动，日本浪漫派志在"近代的超克"，当然这并不仅仅因为无产阶级文艺运动的挫折。我们在前一章也接触到了昭和初期的部分历史情

---

① 《我思》1939年1月号。《保田与重郎全集》第七卷，第13—14页。

况,也大致了解了推动"九一八"事变和伪满洲国建立的军队内外右翼革新派的理念。建立伪满洲国的理念对很多青年学生也有深远的影响。

在保田与重郎那里,将他自身在1940年时写的文章作为依据来看,这个过去的马克思主义少年向日本浪漫派转换的自我形成中的一个机缘,和"作为思想的满洲国"这一因素是分不开的。

> "九一八"事变的世界观的纯粹性,使我们同时代青年中的一部分人心神荡漾。这个时代最后一等的马克思主义学生们,并非以转向的形式,也没有受到政治的污染,而坦诚地被这种新世界观的表现打动了。……"满洲国"在今日,是在法兰西共和国、苏维埃联邦以后,首个新的果敢的文明理想及其世界观的表现。……我稍微理解了作为新思想的"满洲国",并且作为革命的世界观后,(明白了)它表现出我们日本浪漫派是萌芽状态。(关于《向满洲国皇帝旗献曲》)①

保田等人,把用所谓的"五族共和""王道乐土"标榜的伪满洲国"建国"理念,与在这个世界观中的表现,看作是对于西

---

① 《我思》1940年12月号。《保田与重郎全集》第十一卷,第105—106页。

欧近代理念的全盘性超克的标志。他虽然写道，"并非以转向的形式，也没有受到政治的污染，而坦诚地被这种新世界观的表现打动了"，但从第三人称视角来看，对于他们这些马克思主义少年们来说，应该并非这么单纯。如今保田自己写道："可以说与真正的世上的表现相伴的世界观，果然还是马克思主义。这种马克思主义在今天纯粹与苏维埃没有什么关系，和马克思自身也没有关系，而是一种为正义斗争的心情。作为与这种心情相符的马克思主义，本质性地向'把日本的状态向全世界规模改革'的思考方式转变。"（同上）而且他们很快就必然知晓了，伪满洲国的历史实现及其所标榜之理念的实现还是很遥远的事。

由马克思主义的转向的曲折，以及对伪满洲国理念象征的新文明理念及其世界观的向往遭受的挫折，顺理成章地诞生了一种自暴自弃的心情。当然保田所说的"青年的自暴自弃"的情绪并不单单源于这一件事，它有着根深蒂固且错综复杂的缘由。但是日本浪漫派的形成和发展与上述所说的变化与挫折不可能毫无关系。

我们在这里无须重新指出日本浪漫派作为无产阶级文学运动受挫和解体的遗腹子这一事实，以及其中起作用的转向逻辑。桥川文三在他纪念碑式的作品《日本浪漫派批判序说》中提出这样的问题："从我自己私下的假设来说，我认为日本浪漫派不过是最初伴随前期（也就是1926年）共产主义理论和运动的革命的共振，而结果则以一种倒错的革命方式结尾。……至少从现实来看，由福本主义①象征的共产主义运动在政治上是无效的，日本浪漫派同样在政治上也是无效的，这不正说明两者是等价的吗？不管怎么说，它是为了应对第一次世界大战之后急速增加的民众的异化现象，也就是与大众化、原子化而伴随的二重异化的应急性'过激浪漫主义'之流，这一点难道不是不可否认的吗？"②在这里我不把桥川的讨论作为进一步分析的课题。

总之我们想要关注的是，日本浪漫派的浪漫回归毫无疑问被视为超克西欧的近代的构图。

保田与重郎在之前引用过的《关于文明开化逻辑的终结》中写道：

> 这几年的文学运动，正好作为理解无法从理性出发去追求理性的形态中出来的"知性"会以何种形态重复着同一个堕落形式的一个标准例子。如果这样的时代必须有首先预想

---

① 福本主义，日本共产党创立后，曾在一段时期内产生过影响力的福本和夫（1894—1983）的马克思主义理论，1924—1927年通过学生运动等具有压倒性的影响力，但在共产国际的"27年纲领"中受到批判而衰退。在德国留学期间，福本学习了卢卡奇、科尔施等人的思想，回国后他不仅批判了河上肇、福田德三等人的马克思经济学，还在《马克思主义》1925年10月号发表了《"方向转换"是一个怎样的过程》等文章，介入了当时的无产政党组织问题，主张在合法无产政党成立之前，首先要分离和确定马克思主义的政治意识。——译者注

② 桥川文三《增补·日本浪漫派批判序说》（未来社，1965年4月），第32页。《桥川文三著作集》（筑摩书房）第一卷，第25—26页。

自身颓废形式的文学运动的话，日本浪漫派大概是唯一的。因此从今天来说，这种意识过剩的文学运动，作为修饰旧时代没落的东西，是非常颓废的。作为日本浪漫派的一个主张的"朝向没落的热情"和"日本的反讽"（或者作为反讽的日本），前者是理念，而后者是现实。在这种现实的原型与过剩的知性的行进中，我们不得不预想一种普遍颓废的形式。①

引用大久保典夫的讨论稿《保田与重郎和荻原朔太郎》的话：

　　当时的保田已经把日本的近代视为除了颓废之外，没有别的更生之法的东西。并且他也知道自己也处在这种绝望的近代化之路之中。这里，"朝向没落的热情"成为理念，而产生"日本的反讽"（或者说作为反讽的日本）这一现实认识。保田在这样的状况之中，主张夺回颓废的故乡，在这里故乡指的是日本的古典，更简单地说，意味着"神人同在"的古代。②

但是保田对于"文明开化的逻辑"，也就是与日本近代浪漫般对峙的、伴随"死的美学"的日本的古典以及原日本古代的东

---

① 《保田与重郎全集》第七卷，第11页。
② 《传统与现代》1973年3月特集"日本回归"。

西，恐怕并未被充分定型。他虽然主张一种农本主义，但是甚至连随便一个民间右翼的农本主义具有的具体化的社会想象都没有。他的确志在一口气打倒马克思主义和美国主义以实现"近代的超克"，为了近代的实践性超克，他或许私下里确实燃烧着应该打破作为反讽的日本的现状而"朝向没落的热情"。但他难道不是没有能够明确表达出，这种超克包括马克思主义在内的近代主义固有因素的层面吗？他除了把自己规定为朝向下一个曙光的黑夜中的桥之外无所作为，因此他认为，过桥的唯一办法，除了逻辑般地拿出把作为反讽的日本奉天承运般坚持到底的这种颓废的态度转变的领域之外，别无他法。

"近代的超克"在保田所代表的日本浪漫派那里，就算他们将其作为当前的课题，并且追求浪漫式的回归日本的方向，但说到底也并未形成一种理论。他们没有达成"驻留在夜中桥梁之人"这一命题之上的任何成果。虽然他们确实和三木清的昭和研究会所关联的社会科学家和哲学家们的"近代超克论"，以及京都学派的"近代超克论"有着明显的差距，但是我们接下来也大概考察一下《文学界》杂志座谈会上记录的文学家和文艺评论家们的发言吧。

日本古典文艺与近代性之维

小林秀雄发言说："从我们的立场来思考近代超克的话，并不是说近代是恶的，因此要把别的什么东西拿出来，近代人只能通过近代来战胜近代。""就我来说，我认为应该走到相信古典的路径是近代性的边界这里，并开拓新的方向。"

这个发言也只有通晓近代欧洲文学、美术、音乐及当时颇受推崇的柏格森哲学的小林才能够说得出来吧。但是可以明显看出，小林的这番发言，让出席座谈会的很多文学家、评论家都感慨不已。

与其说是看透了西欧文明底层的自负，倒不如说是一种伴随寂寞的安心感之类的东西，飘荡着一种"先见之人"的伤感。这绝不是单纯的国粹主义式的夜郎自大，或是对欧洲绝对主义的文明开化觉醒的相对主义，也绝不单单是一种犬儒主义，而是对于潜在的，即将要到来之物的一种自尊与寂寥的意识。

向日本古典回归的浪漫主义，对当时文部省鼓吹的廉价的国粹主义进行了激烈批判，这正是这种意识的体现。

林房雄陈述道："通过文部省解释的《古事纪》和《万叶集》及其他古文献，然后就觉得日本人很厉害的那些人，我想说你们做了什么？除了《万叶集》和《古事纪》及其他古文献以外，你们到底还知道些什么？你们真的认真了解过所谓的近代吗？我想这样反问。"另外，三好达治也发言道："文部省的便宜主义非常让人困惑"，"如今的思考方式是总之先从这些古典中找出日本的精神，然后应用于时局之上，这种目的和意图非常浅薄，为此去阅读和解释古典的方式是非常轻率和不充分的，并且也是非常不合理的，这点我觉得我们必须指出来"。这个发言也清晰地展现了这种意识。

关于这一点，河上彻太郎也接着说："刚才小林君说，我们在年轻的时候读着费奥多尔·陀思妥耶夫斯基，如今才理解了古典的有趣。这确实如此，但是我绝不认为，觉得日本的古典变得有趣后，会觉得读了费奥多尔·陀思妥耶夫斯基、夏尔·波德莱尔等是过去的过错。正是因为读了这些西洋文学，我们才对'人'有了兴趣，并且随着年岁的增长，对于'人'这种东西有了相应程度的理解，在这之后，古典之中有一些对于人的姿态的深刻描写才会映入眼帘。"

后续类似的发言，如"我对于日本古典的发现有着怎样的西方文学的影响"这样的自我告白，以及对于古典的发现有着潜在的西方文学的鼓动等，在这个意义上难免让人有和"近代超克论"无关的印象。实际上有类似的议论的话，也不用特地打着"近代超克论"的旗帜，作为文学座谈会不也可以吗？文学家和评论家们的"近代超克论"，说到底也就是这种程度的东西，这种论断或许也是有可能的。这里的"近代超克论"欠缺向他者诉说和方向性指导的姿态。但仅仅这样说还不够，在那里确实能够认为有一些思想性的架势。

我们来看一看座谈会的一些发言吧。

津村秀夫：……人类创造出了机械，但如今却被机械反噬，为了不让机械吞噬人类的生活,必须想办法驾驭它,因此更高的文化理想是必要的。

铃木成高:我们能看出有着根本的同一精神。民主主义、机械文明、资本主义,我认为根本上是从同一个东西中出来的,或者是具有某种共通性。

河上彻太郎:然而,要我说的话,机械文明是成为不了超克的对象的。精神的超克对象不是机械文明,对于精神来说,机械是入不了眼的。

小林秀雄:我赞成,灵魂厌恶着机械,但不会因为厌恶就把它作为战斗的对象。

河上彻太郎:作为对手来说是不够的呢。

林房雄:我觉得机械这种东西只是家仆,不可以把它考虑为家仆以上的东西。

下村寅太郎:那样我觉得是不够的。机械也是精神创造的东西。我们必须把创造机械的精神作为问题。

小林秀雄:精神创造机械,但是精神仍然是精神。

下村寅太郎:精神创造机械,那这个精神也不得不视为问题。

小林秀雄:并不是所谓的机械式的精神。精神可能会创造机械,但创造机械的精神仍然是精神,它和艺术品创造的精神是一样的。[1]

---

[1] 富山房百科文库版《近代的超克》,第260—261页。

这些文学家并不一定就是在侮辱机械文明，何况也不是主张那种拿着竹枪对抗B-29轰炸机的精神主义。那么他们的关注点在哪里呢？读者在这个地方，可能越来越感到无法理解，这些文学家所说的"近代的超克"到底有什么样的含义。

提示一种代替近代意识形态的理论体系作为社会的实践而打破或扬弃近代社会的历史现实，对于这些人来说这些并不是中心问题。——正因此，所谓的"近代的超克"，对于他们来说可能只是一句空话的看法也能成立吧。但是，——如之前引用的小林的话那样，"并不是因为近代很糟糕，所以要拿一个别的东西过来"，这是小林的基本态度。提出一种作为新理论的理论，或者实践性地追求一种新的社会制度的方式，对于他们来说，才正是停留在了西方近代思想的框架之内的东西，而应被超克。

"从根本上说，应该重视某个古人的轨迹和古人所追求的地方……真正的创造性的立场，也并不一定需要是新的立场吧"，小林说道，"考虑到历史一直在变化，认为存在某种进步的思考方式难道不是非常有问题的吗？……无论什么时候都有相同的东西、相同的人在战斗。在这种相同之中的一贯的人，也是永恒的。基于这种立场，我觉得也可以思考日本的历史和古典"。

说是超越不变的东西和历史性，而那并不是绝对的实体，不如说可以被看作一种永恒的、即使在今天也应该向其觉醒和返回的事情的核心。这当然不能强行理解为欧洲人的向神之绝对者的重新发现的图式，另外把它称为佛教的大彻大悟也是不恰当的。

这只能表现为一种"借助古代""走向近代性所相信的边界,并有所开拓的、贯通古典"的心境。

但是这作为方向来说也太没有具体性了,在看透西方文明之梦后,就渴望西方近代文明之上的东西,和日本的美——或真、或善——相遇后,就停留在那个领域。不得不说,作为理论的"近代超克论",比起出身"转向左翼"的保田与重郎、林房雄等人,小林秀雄更加观念化,也更加前理论化。

在这里,如同要为日本浪漫派以及《文学界》团体理论性的混乱赋予理论性的构图一样,拉开了京都学派的世界史哲学登场的帷幕。

接下来,我想一边辅助性考察作为《文学界》团体的其中一位的三木清,一边考察和文学家们的杂剧交错的京都学派哲学式的"近代超克论"。这一部分应该和讨论与当时欧洲"近代超克论"之异同的任务相通。

第九章 京都学派与世界史的统一理念

> 京都学派的第二代人倡导的"世界史的哲学"和"近代的超克"是展现西田哲学内在指向性的正统结论。

我们在前章为止的脉络中已经确认,应当瞩目于战争时期日本"近代的超克"理论中几乎唯一能配得上"理论"之名的京都学派的历史哲学。现在,我们终于到了应该尝试考察其内在内容,并为与过去欧美的"近代的终结"和"近代的超克"思潮做对比性研究提供基础的阶段了。

加藤周一写道:"如果我们被日本浪漫派语言的修辞迷惑的话,我们也会被京都哲学家一派的理论的修辞迷惑。如果说日本浪漫派为战争编织出感情的肯定性方法的话,那么京都学派同样为战争提供了逻辑性的肯定方法。如果日本浪漫派不立足于外来思想,而热衷于国粹主义的话,京都学派则立足于其反面,从生活体验和传统中抽离而积极地利用外来逻辑的一些能够适用的便利,很快发展出了世界史的哲学。恐怕如京都学派的历史哲学那样,日本的知识分子中多少都必然伴随一些思想的外来性,这并不是极端夸张的戏剧化的东西。这里思想的外来性,在理论触及具体现实的时候就呈现出彻底的荒谬,而与其对应的逻辑本身似乎有理有据,并完全以鲜活的方式显现。"(筑摩书房,《近代日本思想史讲座》第四卷《战争与知识分子》[1])我们需要将类似这种有力的见解放在心中,去判定事情的真实情况。

西田几多郎与西方哲学之工具

如果要把京都学派的世界史哲学作为问题,那么按顺序应当先用一些话回顾作为其代表的西田几多郎的态度。

我们经常会听到这样的评论,西田哲学并非单纯的学院派式的,它同时也是当时的时髦。这是因为在当时,日本学院派与时流还未完全分离。但不得不说,这种理论误解了西田哲学的本质特征。说到底,西田哲学与19世纪西方讲坛哲学的"哲学化"姿态相比,有什么不同特点吗?的确,西田哲学的论题与工具使用了诸多从欧洲输入的东西,西田哲学的各个命题与明治以前的日本思想的各种命题相比,的确很像西方哲学。的确,从"和魂洋才"[2]来说,他太过西方化了。但是西田几多郎哲学的姿态难道不是极端东方的吗?并且他宣传哲学的方式,难道不过只是采

---

[1] 《加藤周一著作集》(平凡社)第七卷,第315页。
[2] "和魂洋才"是日本明治维新时期的一种思想。顾名思义,"和魂"指大和民族的精神,"洋才"指西洋的技术。"和魂洋才"的精神,鼓励日本国民学习西方文化,同时要求国民保留传统文化。——译者注

取了当时的时髦形式吗？

在这里我们并不打算将西田哲学的特征作为主题。但是，西田对于历史现实，并不是采取所谓讲坛哲学家方式的学院派的禁欲主义——虽说如此，也并不是如在多数希腊哲学家那里见到的与政治相关的方式——而是具有一种以独特的方式参与其中的姿态，并且这与他的哲学的基本特性相对应，记住这一点就足够了。

西田自己在1936年出版的《善的研究》"新版序"中写道：

> 从今天的观点来看，本书的立场是意识的立场，也可能被看作是心理主义的。纵然受到这种非难也是无可奈何的。不过就是在写这本书的时期，潜藏在我的思想深处的，我认为也不是仅仅这一点点。我的纯粹经验的立场，到了我写《自觉中的直观与反省》[①]一书时，就通过费希特的"纯粹活动"的立场，发展成为绝对意志的立场；到了写《从动者到见者》一书的后半部时，又通过希腊哲学转变到"场所"的观点。到那个时候我才觉得获得了对我的思想进行逻辑化的开端。于是"场所"的观点，就具体化为"辩证法的一般者"，同时"辩证法的一般者"的立场就直接化为"行为的

[①] 《西田几多郎全集》（岩波书店）第一卷，第6—7页。（西田几多郎：《自觉中的直观与反省》，廖钦彬译，商务印书馆2024年版。——译者注）

直观"的立场。在本书中所说的直接经验的世界或纯粹经验的世界，现在已经看作是历史实在的世界了。行为的直观世界，即想象的世界才是真正的纯粹经验的世界。①

第一阶段是《善的研究》——纯粹经验说，第二阶段是《自觉中的直观与反省》《意识的问题》《艺术与道德》——主意主义的自觉说，第三阶段是《从动者到见者》《普遍者的自觉性体系》《无的自觉性的限定》——辩证法的一般者立场，然后第三阶段后半的《哲学论文集》第七卷——行为直观的立场。这便是西田哲学展开的具体情况，第三阶段的"场所的立场"，特别是后半部分的行为的直观的立场已经无法被纳入西方哲学的框架之内，并且外在的事情也被处理在内，因此问题域延伸至西田和政治关联的部分。

从狭义的角度来说，西田几多郎与政治的关联，最多也就是1938年时，他参加文部省的"教学刷新委员会"，另外能算在内的，还有受到当时还是文部大臣的陆军大将荒木贞夫的访问，以及向元老西园寺公的秘书原田熊雄写信，为确认教育行政的狭隘的国粹主义实施政策这些事情。但是，如果说西田以自由的立场积极抵抗当时的政治思想动态，或许又偏离了实际情况吧。虽然

---

① 西田几多郎：《善的研究》，何倩译，商务印书馆2017年版，"新版序"第1页。——译者注

西田在1943年时受到了国粹主义者的排挤，但从和牧野伸显[1]等人的交流中可以推断出，他和当时政坛最上层的人拥有同样的政治意识。

比起狭义的政治相关性，对作为思想家的西田所承担的作用，我们所注目的不如说是如京都学派的"世界史哲学"、三木清的"东亚协同体的思想原理"那样的东西，我们不能遗漏西田写的"备忘录"成为隐线这件事。

西田在1934年的《哲学的根本问题续篇》[2]一书中，把西方文化规定为以"有"为根底的文化形态，把东方文化规定为以"无"为根底的文化形态，——这里关于日本文化与同样是东方文化的中国文化和印度文化有怎样的区别也做了讨论，在这里省去这些介绍——，他写道，"东方文化和西方文化在根底上有怎样的异同？日本文化在东方文化中具有怎样的意义？它的长处以及短处是什么？我们通过对自身深刻的追究，并充分了解他者之后，就能够真正知道我们应该前进的道路"。他还在1938年的"日本文化的问题"讲座中表明，要为皇室中心主义赋予地位[3]——

> 我要说的日本文化的特色，从主体向环境的方向来说，

---

[1] 牧野伸显（1861—1949），日本政治家，位阶为从一位，勋等为勋一等，爵位为伯爵。——译者注
[2] 收录于《西田几多郎全集》第七卷。
[3] 岩波新书版第88页。《西田几多郎全集》第十二卷，第346页。

我想可能是无论在何处都否定自身而成为物，成为物来看，成为物来行动……日本精神的精髓，必须是物与事成为一体。在原本我和他人都不在的地方成为一体。这便是作为矛盾性自我统一的皇室中心吧。

他说"回顾几千年来以皇室为中心而发展的我国文化的轨迹，它作为全体的一和个体的多的矛盾的自我统一，从被创造的东西到创造者，难道不是无论在何处都可以说是创造吗？作为全体的一的历史主体有各种各样的改变，但是皇室超越这些主体，作为全体的一和个体的多的矛盾的自我统一而具有自身限定世界的位置"。[1]

在当前的脉络中，我们可能应该暂时搁置在《御进讲草案》中看到的"个人主义和全体主义被考虑为相反的东西，个人主义不用说已经是落后时代的东西了，单纯否定个人的全体主义，也不过是过去的东西"，"个人与全体相互否定，而活生生以皇室为中心发展"[2]这个立论，这里反而可能应该理解为他受了三木清的协同主义哲学的影响。另外作为东条内阁《大东亚共荣圈宣言》参考资料的西田所提出的《世界新秩序的原理》[3]（参阅章末补注一）也应该以同一理由而被悬置。但是，在这里必须要指出

---

[1] 岩波新书版第74—75页。《西田几多郎全集》第十二卷，第335—336页。
[2] "御进讲"于1940年1月23日举行。收录于《西田几多郎全集》第十二卷。
[3] 《西田几多郎全集》第十二卷。

的，是能和田边元的"种的理论"相呼应的，以及为三木、高坂等人的"近代超克论"给予方向性的立论，很早就在西田那里存在的事实。

西田在1935年《读卖新闻》策划的与三木清的对谈中做了如下发言。

"国家是特殊的社会。可以认为是生物的种。……国家是表达性的东西，是作为其形成作用的内容而出现的理念。国家通过具有理念而具有个性。也就是说国家是文化世界的生物的种……"并且关于历史实在的结构，他说"历史的实在，作为时间和空间的世界，换言之就是作为直线的和循环的东西成立……现在时间和空间合一，时间性是主观的，空间性是客观的，作为两者的统一，那里产生个性"。[①]——我们计划在之后论及田边元的历史的现实和种的理论，但有识之士已经从之前引用的内容中，判断出作为田边哲学的区别性特质的东西，出乎意料地其实是西田的东西。

我们在当前的讨论中想留意的，是西田几多郎对西方哲学的态度。他的确没有把"近代的超克"作为主题讨论，但在与三木清的对谈之中，他陈述道：

我们必须要贯通西方哲学。哲学必须要成为学问的形

[①] 《三木清全集》第十七卷，第482—484页。

式。中国虽然有儒学和易学，但接下来也不可能再从中前进了。佛学虽然也有很好的地方，但也不能再往那个方向走了。因此还是要通过贯通西方哲学而再生，并且有必要从特殊的思维方式把握我们内心的东西。如今日本军队的强大也不是因为信玄与楠正成的兵法，而是学习了西方的兵法，学问如果还是这样就很有问题，就像军人采用了西方模式一样，学问也应该汲取西方潮流，并从当中突破出来。①

这时作为西田本人，恐怕自己应该也抱有"贯通西方哲学"之自负。在西田那里，前面引用的西方欧洲近代流派的"个人主义和全体主义""自由主义和法西斯主义"，都是"过去的东西"的发言，以及必须有超越这些二元结构的国体原理的思想，便可以理解为贯通西方哲学之处。

顺便一提，西田几多郎在《改造》1933年2月号中以《知识的客观性》为题的论稿中写道："我国在明治维新以来引进了很多西方的文化，那些简单地说和魂洋才的人，可能只是把这些看作是工具一般的东西。但是这些东西也有其各自的精神。自然科学也有自然科学的精神。我们必须通过理解各种各样的精神，为自身所消化。"并且表达了如下旨趣——

---

① 《三木清全集》第十七卷，第486页。

现在的日本，作为世界的日本，必须向世界展示所具有的东西。我们必须明确无论古今东西都通用不悖的东西。我们的民族必须建设从我们民族的根底所诞生的世界性思想。这并非简单地只是出于今天的世界潮流而明确自己和他者不同的东西，我们必须从自身立场消化并驾驭今天的世界潮流。单是知道自己，而不知道他人，并非真正知道自己。且不说能不能回到以前的锁国状态，今天的日本不可能避免世界潮流的影响。对于世界潮流，我们从自身立场出发，而能够驾驭世界的思想，并且此后我们作为世界的日本，对外能够征服世界，对内能够统一人心。所谓世界性，并非丧失自己于世界。我相信东方文化之根底具有能够对抗西方文化的深刻而博大的东西。今天的西方文化是基于古希腊和犹太教两大思潮的合流，我们应该更进一步将东方文化的源流也纳入其中，为世界做出贡献。我认为作为东方文化之根底的世界观和人生观与古希腊及犹太两方大不相同，并且最深刻地展现了人性的一面……我们必须要在近代，精炼包含有贵金属的东方文化之矿石……我们不能仅仅复述过去日本人的思想，也必须尊重现代日本人滋生的思想萌芽。必须同情和培育现代日本人的工作。……在各国竞争发展的当今世界，说要有伟大的日本人的独创，也殊非易事。我们必须有一寸得一寸，有一尺得一尺，一步一步坚实地前进。①

---

① 《西田几多郎全集》第十二卷，第159页。

包括昭和10年代的三木清，回顾西田门下的哲学家们所主张的"近代超克论"，支撑他们的历史、哲学、社会和国家观的核心思想，业已在西田几多郎的思想中存在。

文化的本土因素与皇道史观

京都学派的哲学家们拐弯抹角地以"理论"的方式解说超克近代西方原理的背景，当中当然混杂着认为西田哲学是世界一流哲学的心态。正如我们在本书第一章所引用的那样，即使是转向马克思主义的户坂润，都评价西田博士的哲学为世界一流哲学。但是，不同于对西方文化的价值几乎一无所知的一部分国粹主义者的夜郎自大，他们绝非简单地醉心于西田哲学而贬低欧洲文明。他们忠实于西田"必须贯通西方哲学"的姿态。事实上，他们贡献了可谓当时最高水平的西方哲学研究成果，他们认为那可以视为西方哲学的成果。关于这一点，我们认为可以与前一章大致了解的旁证小林秀雄的"近代超克论"的心理体验相通。

在加藤周一那样精通日本的外来文化和本土文化这两方面的国际文化人看来，正如我们在开头所引用的那样，可能会产生"思想的外来性并不是像京都学派的世界史的哲学那种极端夸张化、戏剧化的东西"的看法。但是京都学派并不仅仅是将外来思想简单地翻译介绍过来便结束，而是积极地利用种种外来的逻辑（即便有些滑稽），努力构建本土的体系，这一点不能忘记。

很多论者指出"近代的超克"之动机原本出自西方,因此他们可能会认为,使用西方的概念主张西方的"近代超克论"本身毫无意义。但倘若把"近代的超克"这一课题视作全球性的课题,即"近代的超克"不单单是西方的课题,而是具有世界史意义的课题,那么这个问题最初由何方提出便是次要的。

难道论者们打算将"近代的超克"集中于西方,而把日本的情况作为另外的情形专门讨论?的确,论者们可能会说日本还未实现应被超克的近代,当前的任务应当是实现近代化。但是对于生活在世界历史时代的我们而言,西欧的"近代的超克"和本土的近代化课题难道不能有机地联系在一起?事实上,京都学派的世界史的哲学的确将中国及其他东方国家的近代化课题与欧美和日本的"近代的超克"的课题以一定方式结合在了一起。在这一点上,对三木清等昭和研究会的理论家们也可以做出同样的判断。——我们不能脱离社会经济的历史发展阶段这一基础,同时停留在对西方的或日本进行简单分离的外来与本土的二分法上。

而且日本思想的外来与本土究竟是什么?如果把佛教、儒学等都视为外来的,那么本土的东西又剩下什么?的确,神话、民俗的本土思想和皇室中心主义的思想等几个因素或许会残留下来。但是从思想史来看,并且从比较文化论的层面来看,真正称得上是日本的,说到底就是这样的本土因素?像镰仓时代以后的日本佛教与江户时代后半段的日本儒教,难道不是优秀的日本的思想？的确，在称为佛教与儒教的意义上，它们可能确实是外来的，但如果这样说的话，被称为西方文化的东西，不管是宗教还是学问，对于西方各国自身来说难道不也是被称为外来文化的东西，即希伯来、古希腊的外来文化吗？设定过于明确的判定标准，但同时又不仔细考察思想的实质内容，而简单地区分外来的与本土的，这对于思想史的分析与思想的研究有百害而无一利。

我们若是对上述说法补充一句，那么无论采取何种视角，京都学派的历史哲学和国家哲学——加藤他们会说是"外来逻辑"和"本土思想"的融合——完全可以看作是对本土的前近代思想的追认，反过来说可谓是夹杂着各种本土杂物，而模仿西方哲学的啼哭，除此之外别无其他。所以为了给京都学派的"近代超克论"定性，我们必须把既成的"和洋"①观工具全部加上括号进行考察。

本书不打算考察田边元"种的逻辑"，但作为了解京都学派历史及国家哲学的前提，我们就引用在1939年"京都大学学生课主办的日本文化讲座"中，与翌年岩波书店出版的有名的《历史的现实》②中的二三条内容吧。田边元说道："必须从不是历史的东西出发，而考察历史。我们不能离开现实的理念来批判历

---

① 即"和魂洋才"。——译者注
② 《田边元全集》（筑摩书房）第八卷。

史。"那么历史的现实是什么？"现实就是现在我们正在面对的东西。"——众所周知，田边元展开一种独特的时间论，并主张时间性和空间性的统一，但我想把这些省去，只考察历史和国家观一侧就够了。

"唯物史观，重视自然的一面，主要思考因果的过去，与此相对，将精神的应实现的目标置于未来，其目的论般的支配现在，这就成了观念史观或唯心史观。简单地以因果关系的方式思考，就变成了过去支配现在，而以目的论的方式思考，又会变成未来规定现在，因此两者乍一看完全相反，但实际上不过是同一关系的两面罢了。没有看到现在之无的圆环统一，作为历史的看法是非常不充分的。"田边元同时反对唯物史观和唯心史观，而定位于"现在之无的圆环统一"。

另一方面，"与过去和未来方向相反一样，种族和个人也是方向相反，统一这个方向相反的东西的，就是当下的人类"。但是，"真正的人类并不在种族之外"。田边元的构想是，"作为历史社会的结构因素的种族、个人、人类的关系，可以和时间的过去、未来和现在做对比，即其中的一个因素是其他两个因素的中介"。

因此，成为中介环节的东西正是国家。"所以人类开放社会的成立，是对种族封闭社会关系的超越。封闭社会，一方面对个人施加束缚而限定其自由的活动，另一方面，个人与社会的方向相反的同时，有将两者调和的时候，即个人在种族中，能够实现一个个自我行为的目的,并且个人认可种族的前进方向为自己的前进方向,封闭社会的规律和统治如此介入并统一了个人的自由行为的时候,种族就从封闭性提升到人类的开放性。这就是国家"(参阅章末补注二)。"国家并不单是种族,国家是种族的同时,又直接通过法而立于人类的高处立场,在那个立场下,国家是调和个人和中介而被主体化的东西。国家不是单纯的种族社会,也必须是每个个人各得其所的国家即自身的统一。"并且,"从种族立场而来的对立,通过与个体的调和统一,而与其他种族文化般地连接的国家的聚集"便是世界。

在这一认知的脉络下,天皇制和"八纮一宇"的思想便可以被定位。"好的国家只能通过好的人实现。""不用到远处去寻求实例,看我们所生活的这个叫日本的国家,就必然会认可,这是已经实现了的。原本天皇的位置就不单是民族的统治者和种族的首领。就如一君万民、君民一体的话语所表达的那样,如个人在国家的统一之中发挥着自主性的生命,不可分割地在组织中生活那样,国家的统治与个人的自主性直接地结合统一,这是我国应被夸赞的特色,我觉得把这种国家理念的直接体现解释为天皇也没什么不好的。并且这样的内部组织调和也伴随对外的调和。因此日本的文化并不是排他而封闭的,而是统一的,具有开放性意义。我认为这就是很难解释的'八纮一宇'这句话的含义。"

读者在这里可能会想起我们在本书第二、三章详细介绍和概述的高坂正显与高山岩男的世界史的哲学。在田边元那里，欠缺对作为国家和世界中间地带的集团领域的现实认知，另外说起历史的空间性的时候，也不能看作和辻哲郎以来的风土性的论点。总体来说不可否认的是，他欠缺作为历史哲学的具象性及作为社会·国家哲学的具体性。但是，如果我们强行引用这一点，将京都学派的历史哲学从西田和田边元这边切断，而看作后学脉络中的"怪孩子"，这不得不说有失偏颇。关于"近代超克论"也是如此。田边元认为，"与科学相结合、活用科学的宗教精神是新时代建设的原理"，并且他还说，"历史永远依靠时间而成立，因此每个个人在其所处的时代中也永远触及历史，个人通过国家，通过对人类文化的建设做出贡献，而能够永远与之相关联"。

如我们所见，可以说，京都学派之于"近代的超克"座谈会上的发言的方向性，已经通过田边元而被定位。

三木清与扬弃东西文化的理念

我们并没有将京都学派第二代的工作评价为"没有走出学派鼻祖的掌心"的打算。相反，我们知道，在昭和10年代，西田、田边有所转变，他们反而觉得不得不思考来自第二代的冲击。但是"近代超克论"，或一种独特的国家哲学以及世界史的哲学，的确是作为西田哲学派正统的展开而登场的，这一事实说到底是必须铭记的。话虽如此，我们却很难看出，京都学派的理论家们在一开始就把对于历史现实的近代以及近代知性视野所对应的意识形态，也就是所谓的超克西方哲学作为课题。京都学派第二代主流主张世界史的哲学与"近代的超克"的心理方面的背景，应该夹杂了相对于昭和初期风靡一时的马克思主义及其唯物史观的自卑情节与对抗意识。

如今正是世界的任何地方都蓬发着暴动、讨论社会问题的时代，可能从明天开始就会产生共产主义社会的苗头。在那里，世界历史具有怎样的运动法则？世界历史会朝怎样的方向前进？这些大部分都会明了。原理和结论已被确定。问题只是什么时候、以什么样的手段实现。如今应该有不少人这样相信，但是实际的历史运动却与这一预想相背离。问题并没有那么明了。历史的运动并非简单的物质性，那么历史的实体到底是什么？当这样问起时，果然问题还没有解决，就算历史性的物质并不直接就是历史的实体，那也不能说只有精神才可以推动历史。在此之上，现代的危机状态与其说没有缓解，倒不如说进一步激化了。唯物史观所指出的矛盾的确存在着。世界会向怎样的方向前进，世界史是否能归纳出一定的运动法则，或者至少能发现怎样的倾向性？对于这样的问题，一般的世界历史是没有必要回答的。但是世界史的哲学无法逃避这个问题，如果说无法回答的话，那么也必

须说明，这超越了历史理性的界限。(高坂正显《历史的普遍与世界的动向》[1])

这段文字，足以猜测其深层心理之所在。当然，对于事情的本质来说，动机本身是次要的。以上表述的立论，被认为是孕育着能够迫近当时知识分子阶层的切实感的东西。过去他们共感于唯物史观及其对世界历史的展望，而此后纳粹登场，德国共产党被消灭，西班牙和法国的人民阵线失败等，经过这些中介而梦想破灭，对于转向和企图设定距离的人来说[2]，应该更加具有切实感。这样说来，提起上述问题，想必正好能够触动广大知识分子阶层的内心吧。

关于这一点，如果我们考察高山岩男、三木清世界史的哲学之动机，事情将变得明了。——话虽如此，高山岩男《世界史的哲学》有怎样的动机，以及他怀有怎样庞大的问题意识和构筑体系的志向，虽与当前的论题相对应，但已经考察过了（本书第三章），因此这里只做一些回忆。另外在这里也暂时放弃深入被称为三木清最初的体系性作品的《历史哲学》。三木的这部大作，与后期的"世界史的哲学"的姿态不同，并且大概带有"历史学的哲学"的特点，作为基础论是很重要的，但在当前的讨论脉络

---

[1] 高坂正显《历史哲学与政治哲学》，弘文堂，1939年2月。《高坂正显著作集》未收录。

[2] 指的就是前面所说的"转向左翼"。——译者注

下,可以先不管它。

看上去作为世界新理念而出现的共产主义,以在德国遭遇重大失败为转机,作为其对立物的法西斯在世界范围内强化,过去20世纪的思想,现在被置于分裂、对立斗争中。……积极地统一20世纪的思想在何处、应如何诞生?不管它采取怎样的过程出现,它必须要真正对得起20世纪的名字,必须带有世界史的理念而出现。并且这个问题通过将欧洲的历史看作世界史的欧洲主义的没落而得到规定。但是这并不是像某些人简单地思考的那样,为了代替欧洲主义,就机械地、自动地使东方主义占据位置。如果有哪种东方思想可以成为20世纪的思想的话,它必须找到并提出随着欧洲主义没落而同时失去的世界史——其中也包括欧洲史——的统一理念。……世界大战之后的欧洲流行的文化形态思想(比如斯宾格勒),就算我们东方人确实能够用作主张自己文化特殊性的根据,并对抗欧洲主义,那也不过是另一种相对主义罢了……而问题则是获得世界史的统一理念。①

三木清在1928年7月题为《二十世纪的思想》的论稿中如上

---

① 《三木清全集》第十四卷,第155—156页。

写道。这里的"世界史的使命"与我们在本书第五章看过的三木清的时务逻辑相吻合。

事实上,三木在1937年11月发表的《日本的现实》中表明了如下内容:

> 关于对华行动,日本自己已经在政府层面数次声明,并没有任何帝国主义式的企图。那么何谓纠正资本主义的弊端,而计划实现中国与日本的共存共荣的思想?无论这种思想是什么样的东西,有一点可以明确的是,它绝对不是简单地追求中国与日本之间的关系,而是追求日本自身以及国内和全世界的人民都平等的思想,也就是说,是世界的思想。这样的思想,日本不能简单地作为善意,而要作为思想来说,必须是不管对于中国人还是对于全世界所有的人都能够理解的体系。[①]

这里,三木清自称的"世界史统一的理念"和"世界思想"的东西,内容方面最终将归于协同主义哲学,这一点也不用再次提起。我们已经考察过这种协同主义哲学,它自称在存在论层面克服了唯物论与观念论的抽象性,而立足于具体性的立场;在认识论层面,它自称超克摹写说和构成说的对立,而自命名为形成

---

① 《三木清全集》第十三卷,第459—460页。

说，并且它试图超越唯心史观和唯物史观的对立，构造了新史观。从社会体制及其理念的层次来说，它自称是一种超越了美英法自由主义的个人主义、苏联共产主义的普遍主义、德意的全体主义式的民族主义等诸多原理，甚至也超越了中国的孙中山三民主义——在某种意义上是将以上的原理统一的理念——的新原理。

京都学派的"近代超克论"，以世界理念的新基准自负，并且它并不是单纯地主张西方的没落及反对西方，而是提倡作为世界史的哲学，因此三木清的协同主义哲学实际上是其直截了当的口号。——当然从和皇道主义的关联来说，京都学派内部也可以分为很多种企图。并且对于三木清来说，他的皇道主义发言是策略性的，这一点是毋庸置疑的。但是西田、田边、高坂、高山等人的情况又是怎样的呢？他们当时提倡皇道主义是出于本心的吗？当然不是。关于此不用说，作为思想提出的世界史哲学之中，消除加入的皇道史观是不可能的。从战争时期思想状况来说，在关注于它意识形态作用的意义上，我们不能不看到，对于"世界史的哲学"来说，国体思想是其本质性的一个因素。当然我们不是说，这不是当事人内心的真实想法，所以他们就因此免罪。然而当前成为问题的是，它是因为什么以及怎样的理由，而被作为"世界史的哲学"、作为"近代的超克"的理念思考的呢？在那时京都学派的"世界史哲学"和昭和研究会的"协同主义哲学"被视作天皇制国家权力的御用意识形态，这与把黑格尔哲学视作普鲁士国家权力运用的正当性意识形态，具有同一意义。这的确是抓住了要点。但仅仅停留于这样的认识,无论作为意识形态论还是作为思想史层面的考察,都没有跳出第一阶段的工作。现在必要的工作是,我们要在现代史的文脉中考察那时的意识形态所背负的"兼容东西方文化,并扬弃统一它们的对立",同时提出"超克近代的社会体制及其意识形态视野的世界史统一理念"的志向和理念,并且从今天的问题意识出发去理解它们。

我们在本章以面向支撑西田几多郎哲学的姿态,以及他对于西方哲学和东方哲学的态度,并企图与前一章的脉络呼应,从对马克思主义及其世界历史展望的讨论者们曲折的相关动态中注意到的是,过去欧洲哲学和日本哲学的不协调和差距是很容易看到的,同时这也是平行讨论两个"近代超克论"的前提。

下一章我想立足于这个问题,即"近代超克论"给我们遗留了什么?以及配备了什么样的课题?我想把这些遗留与课题自为化。

补注一

西田几多郎的"世界新秩序的原理"可从以下立论来考察。

"今天的世界,我认为是一种世界性自觉的时代。通过各个国家自觉各自在世界中的使命,而必然构成一个世界史的世界,也就是世界的世界。这是今天的历史课题。第一次世界大战以来,世界已经进入了这个阶段。然而第一次世界大战的终结还残留相关课题有待解决。在那里除了一些古老抽象的世界理念之外,并没有任何新的世界构成的原理。这就是为什么在今天又再一次发生世界大战的原因。今天的世界大战要求对此课题进行彻底地解决。在一个世界的空间之内,当有强大的国家与国家产生对立时,世界必然会陷入激烈的斗争之中。科学技术、经济发展的结果,就是今天各个国家民族进入了一个密切相连的世界空间之中。解决这个问题的方法只有各个国家自觉自己的世界历史使命,依照自己应到达何处而超越自身构成一个世界的世界,除此之外别无他法。所以我把现代称为各个国家民族的世界性自觉的时代。我所说的各个国家民族超越自身而构成一个世界,并不是像国际联盟那样单纯的各个民族平等,并互相承认独立的所谓民族自治主义。这样的世界不过是18世纪抽象的世界理念。今天的世界大战充分证明,那样的理念不可能解决现实的历史课题。任何一个国家民族都在其各自的历史地基上成立,有着各自的世界史的使命,在那里各个国家民族拥有各自的历史生命。各个国家民族依靠自身而超越自身,构成一个世界的世界,就是说,各个国家必须超越自身,依据其自身地域的传统,而先构成一个特殊的世界。与之相关的世界性之世界是各个国家民族在各自的历史生命之中生存的同时,怀有各个世界历史的使命而结合为一个世界性的世界。这是人类历史发展的终极理念,并且它必须成为被今天的世界大战所要求的世界新秩序的原理。我国八纮一宇的理念不正是如此吗?天下万邦,各得其所,而奉圣旨,相聚于此。以18世纪的思想为基础的共产世界主义也必然会融于这个原理之中。"

在如此叙述之后,西田称赞道:"今天世界大战的任务及世界新秩序的原理，如上所述，其自身必然会推导出东亚共荣圈的原理。过去东亚的民族被欧洲民族帝国主义压迫而被视为殖民地，被剥夺了各自的世界史使命。在今天东亚的各个民族必须自觉东亚民族的世界史使命，超越自身而构成一个特殊的世界，以此达成东亚民族的世界史使命。这就是东亚共荣圈的构成原理。不仅我们东亚各民族必须一起发扬东亚文化的理念，在世界史中奋起，并且对于一个所谓特殊世界的构成来说，我们必须处在中心，并承担那个任务。对于东亚来说，只能是我们日本。正如过去在波斯战争中，希腊的胜利至今决定着欧洲世界文化发展的方向那样，今天东亚战争也决定着后世世界史的一个方向。

"今天的世界性的道义既不是古希腊式的博爱主义，也不是中国古代的所谓王道主义。我国的国体也不是单纯所谓的全体主义。皇室作为包含过去与未来的绝对现在，是我们世界的开始与终结。所以，以皇室为中心而形成一个历史性的世界，是万世一系的我国国体的精华。我国的皇室并不只是一个民族国家的中心。我国的皇道，包含有八纮一宇的世界形成的原理。

"不论在哪里，我国国民的指导思想和学术教育的根本方针都应该深刻地表达国体的本义，必须以历史现实的把握和世界性世界的形成原理为基础。应该排斥英美思想，是因为不能成为怀有自我优越感而把东亚视为殖民地的帝国主义。并且作为国内指导思想的方针，不要动不动就陷入党派化的全体主义，而应在任何地方都贯彻公明正大的君民一体，以及万民翼赞的皇道。"①

---

① 《西田几多郎全集》第十二卷，第 427—431 页。

补注二

田边元在《种的逻辑的辩证法》的序言中写道:

"我从1934年到1940年期间一直从事我自己称为种的逻辑的辩证法逻辑的研究,我志在以此逻辑地来明确国家社会的具体结构。我想把当时正在抬头的民族主义哲学作为问题,在批判过去统治我们的自由主义思想的同时,否定单纯的立足于民族主义的全体主义,以前者主体的个人、后者基体的民族的相互否定为中介,而立足于基体即主体、主体即基体的绝对中介的立场,发现作为现实与理想及其实践统一的国家理念的根据。说到底,比起让国家立足于道义,我想一方面确保其理性的根据,同时另一方面,对于当时在我国逐渐明显的现实主义的非合理政策,即使只是些许,我也想尽可能地矫正它。"[1]

另外,为了"明确种的逻辑的意义",我想把下面这一段也一起引用。

"否定式的对立的种的基体与个体的纠结,是两者相互否定的极点,而转向绝对否定性主体的肯定性。作为主体性全体,国家与个人相对应。因此基体即主体的转换便成立了,全体及个体的组织也诞生了。国家在依靠如此中介综合的原理的意义上,是个人契约以上的全体,因此必然是强制个人的东西,并且同时那种强制会直接转化为自由,因此个人被否定的同时却反又被肯定,而必然成为自我牺牲就是自我实现的组织。像这样的东西就是作为理性的现实社会的具体结构。"[2]

---

[1] 《田边元全集》第七卷。
[2] 《田边元全集》第六卷。

第十章　哲理与现实之间中介的挫折

> 透过以"近代的超克"为流行语的"文化综合会议讨论会"的实像，看清京都学派的图谋落空的始末。

我们已经通过前九章，纵览了战前、战时的"近代超克论"及其背景。现在到了对本书做一个结尾的阶段。

回过头看，过去的"近代超克论"，是以想让日本成为世界第一等强国的情形为基础的国民性自觉的投射，同时也是以对于明治以来的欧化主义及其结果的自我批判的心情为契机成立的。然而面对因成为经济大国而复苏的今日日本这一历史情形，人们开始有了批判战后近代化路程及其结果的想法。的确，所谓历史，在某种意义上可以说是单线程的，不可能二次重复。往时与今日的具体历史、社会条件也不可同日而语。但是这十几年以来，我所看到的一部分时局潮流，孕育着让人想起不快往事的东西。因此我们需要置身并回顾今天时局潮流意识的一隅。

另外，当初的计划也有解说欧洲的"近代超克论"的打算，但那个问题自身大概也具有复杂的谱系与讨论脉络，因此依据本书的主题性的讨论范围，只能忍痛割爱，在这里尝试对于当前的论题做一个小结，希望大家谅解。

"近代的超克"座谈会的实像

"近代的超克"这一纲领对于战争时期日本的知识阶层——与大众的"鬼畜英美""打败敌人，停止战争"相对应——与其说是咒语一般统一的口号，倒不如说这个咒语风靡一时的机缘乃类似于快感的东西，但是它毕竟具有并不仅仅止步于单纯快感的讨论风潮。我们从再次确认这期间的事情开始吧。

"近代的超克"这句话在世间大流行的契机，不用说，是1942年10月号的《文学界》上登载的"文化综合会议讨论会"的标题。这次讨论会（倒不如说是13名出席者的漫谈会）由《文学界》召开，因京都学派的哲学家西谷启治、历史学家铃木成高、宗教学家吉满义彦、自然哲学家下村寅太郎，以及音乐家诸井三郎、电影人津村秀夫、物理学家菊池正士等人的出席而得以召开，担任主持人的河上彻太郎，在开始的时候做了以下的自白。

"我问的问题可能并不一定很聪明。实际上'近代的超克'这句话就像一个符号那样，我觉得大家对被抛出的这句话的感觉是相同的。现在有突然到来的东西对吧，而我们就朝向它并看到它。"与英美的战端突然开始的"12月8日以来，我们的感情突然一致，如同一个被决定的形式那样。这种被决定的形式，是无法被语言言说的，也就是像我们的'近代的超克'这样的东西"。"但是与此相对，在拜读了各位所写（为用作讨论而提出的）一大半论文之后，果然看到这一主题的提出方式是虚假的，但这样它可能反而与问题纠缠在一起。"

如大家所见，发起座谈会的主体《文学界》团体的代表人物河上彻太郎，并没有非超克近代不可的问题意识。何况，这也并非他们在统一的近代观与超克论的基础上开展的企划。

从以上事实来讲，可以说"近代的超克"这一主题的设定完全是偶然的。从河上的动机来讲，可以说"圣战的果敢和知识分子的觉悟"这样的标题更加贴切。

因此，河上取"近代的超克"这个标题的背景，与其说是当时座谈会的实际内容，倒不如说是因为这个标题的魅力可以取得好的评价，并且有着这样的时尚潮流。从这个脉络来说，可以认为"近代的超克"的名号是偶然的。

这里，可以一并提及的是与《文学界》并列的另一个名为"近代超克论"的座谈会——《中央公论》杂志的京都学派座谈会，表面上也没有特别以"近代的超克"为主题的东西。这个广受好评的座谈会的第一回是以《世界史的立场与日本》为题（《中央公论》1942年正月刊），在这次会议的开头，高坂正显做

第十章 哲理与现实之间中介的挫折

了如下发言[①]:

> 这时,当问某个人"日本的历史哲学到底是什么"的时候,虽然回答是很困难的,但仔细思考,我认为大体经历了三个阶段。最初是李凯尔特所主张的历史认识论盛行的时代,在如今已经成为前一个时代了。之后是从狄尔泰的"生命哲学"和解释学出发的历史哲学的时代,这大体可以说是第二个阶段。而如今应该更进一步,历史哲学应成为具体的世界历史的哲学,如今到达了这种自觉性,我认为这是第三个阶段。为什么会如此呢?我认为是如今日本在世界历史中的位置所造就的。……日本会怎么样,以及对于今天日新月异的世界,日本有着怎样的意义?这种意义应该怎样实现?即在世界历史之中,日本的使命是什么?关于这些问题,任何西方的思想家都不可能告诉我们。因此日本人必须在自己的头脑中思考。我认为这就是为什么现在的日本特别地要求一种世界史的哲学。

如大家所见,这一回"世界史的哲学"直接作为主题,而第二回、第三回也是沿着这个主题继续展开的。虽说如此,如果换一个视角来说,所谓历史哲学的第三个阶段正好切合"近代的超

[①] 《世界史的立场与日本》,第 30 页。

克"的观点。

这里,为了接下来的论述,我们必须回忆京都学派出身、作为《文学界》同人及昭和研究会理论家的三木清。最初为"世界史的哲学"这个术语赋予特殊含义的乃是三木清。他从"为七七事变赋予世界史的意义"这一时政任务出发,从论述为日本的行动、日本的现实所要求的"世界史的哲学"开始,进而主张"新的思想原理必须进一步超克业已濒临破产的近代主义"。之前引用的高坂的发言也应该放在这样的思考过程之中理解。"世界史的哲学"和"近代的超克",与三木清的协同主义相关。

但是,我们可能稍微着急了一点。让我们先返回《文学界》团体——当时三木清正在海外出差而没有出席——的思考与疑惑吧。

为"文化综合会议讨论会"的召开而热心确立主题的当事人龟井胜一郎在出席时做了如下发言:

> 刚才大家对近代做了各种各样的解释,我个人感到受益匪浅,而我所感受到的"近代",总的来说,就是我自己在这十年间经历的各种混乱……用一句话说,就是在没有信仰的时代……现代日本人,亦即明治的文明开化以来历经大正、昭和的日本人,是丢失神明的日本人。……文明开化以来,有各种各样的外国思想的影响以及科学的普及,若问在这混乱和悲惨之中究竟有何曙光的话,虽说我自己也是迷

茫，但也只有诉诸神佛之类语词的信仰了。如果说我想祈求超越近代的力量的话，除了信仰神佛之外，再无他法。我认为诸神的重新诞生才是现代思想的中心问题。①

的确，这也是"近代超克论"的一种模式。但在根底上，这与京都学派的理论家们并不契合。而且其他的出席者，正如我们在第一章看到的中村光夫那样，对于"近代的超克"这个任务的设定都抱有怀疑，而小林秀雄的态度也是"我们所考虑的'近代的超克'的立场，并不是说近代很糟糕，所以要搬来别的东西"……因此如果只有《文学界》内部的人参加的话，讨论会恐怕会结束于根本不符合"近代的超克"这一标题的讨论当中。

然而，受到邀请的京都学派的铃木成高、下村寅太郎和吉满义彦，这些人是真正遵循"近代的超克"这一主题而提出论文，并沿着这条脉络进行发言的。面对河上彻太郎开头的发言，他们会觉得哑口无言吧。然而，因处在这个脉络之下，且与之后京都学派在其他地方的主张和日本浪漫派保田与重郎（他虽做出了出席的约定，但是并没有出席）的发言相呼应，这次讨论会在总体上被接纳为"近代超克论"，并引起巨大的反响。

这里，我们无须再一次重复，使得本次座谈会成为"近代超克论"的最大原因，是我们在第一章看到的铃木成高提出的问题

---

① 富山房百科文库版《近代的超克》，第200页。

和下村寅太郎的发言。

对于沉醉于太平洋战争首战的胜利,并幻想在战争胜利之后,成为经营世界的士大夫而表现着人类历史新纪元的知识阶层来说,"近代的超克"并不是简单地消灭英美称霸世界的讨论,而是关系到高尚理念的东西,在作为思想内容之前,它首先是一个唤起共情的意向性符号。反之,如果它要作为一种具体的思想体系的形式被提出,引发共鸣就会变得困难。作为理由,它被展现为一种抽象的庞大问题意识的表达,在情感方面,它是通过作为一种浪漫主义式的国粹主义而勉强具有色彩的未定型的东西,这成了"近代的超克"作为咒语般统一宣传的口号的原因。在知道这些事实的同时,说到底,这里我们感兴趣的是它如何作为"论"而成立的问题。

论题的设定与资本主义的问题

在讨论会前铃木成高提出的供讨论之用的文章之中,他把下面一段话作为前提——"当从世界全体命运来思考的时候,今天的问题并不是特定的二三个国家的兴盛和衰败,而是更加遥远、深刻的问题,如果不能到达现代的变革如何面对根本的东西这种认识,且不确定其所需要付出的代价的话,我们就无法确定自己的新时代之姿态",他接着写道:"'近代的超克'就是像那样被发现的问题,我想至少是在追求终极性方向上而被发现的问题。比如说，政治上超克民主主义，经济上超克资本主义，思想上超克自由主义。我想，在包含多面性的同时，它所蕴含的意义是极其深刻的；在当前世界面对的课题中，恐怕它所表达的最为根本。也就是说，不只是国家内部的结构和国家与国家之间的关系的问题，而是必须更进一步与世界观之根本、文明之性质相关。"

就这样，铃木在上述范围内把握到了问题，从部分可谓"与其说是学术讨论的阶段，倒不如说是政策处理的阶段"的东西，我们可以再次确认其欲速求应急对策的倾向。当然，他并没有首先采用哲学的构想。他在批判"没有逻辑地统一统制的原理、结构的原理、文化的原理或国防的原理的东西"，而是多元并存之现状的同时，要求一种公认的终极之原理和理念的明确化。

关于目前讨论的问题，如之前所介绍的，他总结为如下六条。

（一）使"近代的超克"问题原本的意义，也就是欧洲的意义明确化。

（二）将问题定位于日本的角度，作为日本的课题，明确这个问题具有怎样的意义。

（三）对西欧思想界所争论的问题——应被超克的近代是19世纪之后抑或文艺复兴之后的时代——做出裁决。

（四）文艺复兴的超克当然涉及"人性"的根本问题。基督教的未来的问题也与此相关。

（五）机械文明和人性问题涉及科学问题，即解决文明的危机，必然引发当前科学的责任和界限的问题。

（六）所谓历史学，就是超克"进步的理念"。并且，根本问题是超克历史主义。

若将铃木成高所设定的问题与之前所说的"政治上超克民主主义，经济上超克资本主义，思想上超克自由主义"的论点相照应地看——且不说哲学家们亦想追加近代知性视野为问题条目的思考——其几乎覆盖全部的问题域，因而可谓是恰当的范式。

在讨论会中，宗教哲学家吉满义彦触及第四个问题，自然哲学家下村寅太郎触及第五个问题，但总体来说讨论并未充分展开就结束了，铃木提出的问题以流于形式而告终。关于第一、第二和第三个问题，终究也不可能达到统一的见解。关于这些问题，就算京都学派的内部也未必有一致性的看法。

虽说如此，从以往"近代超克论"的全体来看，铃木所提出的问题绝非只是空洞的。以京都学派的理论家们为中心，对这里提到的各个问题都做出了回答。并且关于第二个问题，日本浪漫派和《文学界》团体都依据他们自身的立场做出了回答。

我们现在来不及逐一回顾这些问题。这里，我们仅需注意到，所谓的"世界史的哲学"存在呼应铃木所提出的第六个问题的关系就够了。

话说回来,"近代的超克"之所以是突出的实践课题,并且突出地成为世界观课题之关键,毋庸赘言,在于其扬弃资本主义社会体制。作为历史阶段的近代,是资本主义社会体制的时代,按铃木的说法,那是将政治上的布尔乔亚民主主义和思想上的布尔乔亚自由主义作为正向价值的时代。

较之于当时欧美的"近代超克论",具有显著特征的事实是,对于战前和战时我国的"近代超克论"的理论家们来说——由于"转向左翼"出身的理论家比重较高,且原本就受到马克思主义影响的人也较多——当说起应被超克的"近代"时,它基本上具有等同于资本主义的含义。

当然论者们如何从社会科学的层面精确把握资本主义是另外的问题。若有人仅从经济原理的层次理解资本主义是私利的,从第三方视角来看,那也不过是一种修正资本主义。不管怎么说,如我们在书中数次写到的那样,也无须再次提及,讨论者们关注对于资本主义的超克仅仅是场面话。

真正重要的问题是论者们的资本主义批判的实质内容。——这里,我们并不打算仅以原则性的理论概括一句之后就放置一边。就当前的战略而言,对资本主义抱有充分批判意识的人毋宁说会志在近代化,而不会提出"近代的超克"这种议论。在翼赞天皇制国体的同时,又荒唐地进行"近代的超克",若仅做出这种原则性的考察,作为思想史的讨论来说并不充分。为了判断出实际的情况,有必要参考论者自身的思考。——若参考在《治安维持法》下，如果当时提倡废除私有财产，就会成为直接镇压的对象这一点，我们并不一定要从字面意义上来做判断。说到底，这是一个具有实质含义的问题。

首先，论者们所谓的"近代的超克"是否归根结底具有自觉地扬弃资本主义私有制本身的意义，当我们问及这一点时，已经淘汰了相当多的义项。其次，当论者们立志要扬弃资本主义社会体制原理的时候，是否顶多扬弃古典的产业资本主义和古典的近代帝国主义原理？换言之，是否可以允许国家垄断资本主义的原理？当我们这样问的时候，几乎所有的论者都落在这个框架之内了。的确，如三木清的协同主义那样，不可能直接志在国家垄断资本主义。但是说到底，在现实层面，其理念不过是追认重构国家垄断资本主义以及确立东亚集团经济的自为性历史趋向，因此不得不判断其是一种装饰物。

如我们所见，那时的"近代超克论"，在主观层面意在超克资本主义，在其所指向的实际情况方面，实质上并未超出从金融垄断资本主义旧形态到国家垄断资本主义新体制的意识形态之领域。

说到底，虽说此乃洞见到确立国家垄断资本主义全球化的密涅瓦猫头鹰式的理论，但就当时而言，即便真正想要超克资本主义的社会主义阵营，也没能自为地把握国家垄断资本主义这一资本主义体制的新阶段。这么说可能有些苛刻，但是若从今天的角度出发做出历史评价，这一点是不能否认的。

对于我们来说，如果有必要的话，也可降低到如下水准进行讨论，即在论者们的近代史批判、欧美列强侵略东亚的历史相对化、亚洲国际主义的基础论分析，以及对于近代文明的对立性质批判等层面——就其展开"近代的超克"的理论体系而言，应是非常重要的环节——这些情况中，资本主义社会体制及其结构的关联性，在逻辑上是否相通？

就算降低理论的基准至此，恐怕论者们所说的也未必和资本主义社会体制的历史相对化相关。不管是个人主义批判还是全体主义批判，都只是抽象的理念批判，最多没有超出关于政治理念批判的领域。更不用说所谓的西方文化批判。——战争时期，虽然日本的"近代超克论"标榜超克了马克思主义，但它对于近代的把握也不过如此。

读者可能有这样的反问：但是，以当时"近代超克论"的本领，超克资本主义体制的讨论是否还存在于别的地方？从某种意义上，的确如此。如果仅限于资本主义批判，社会主义思想足矣。就算扬弃资本主义体制是超克近代的基础条件，也可以说，从理论上讲，这并非"近代超克论"的精华。接下来，让我们转而看一看他们的"本领"吧。

京都学派与哲学的人学主义

战争时期日本"近代超克论"的理论代表，无论怎么说都是京都学派的哲学家们，如我们上一章考察的那样，代表性人物西田几多郎本人在某些时间之后至少也有超克近代欧洲哲学的课题意识。

虽说西田哲学经历了几个发展阶段，而早期思想又定位于所谓的主客二分的模式，但在此意义上，我们可以说，他有着摆脱古典近代哲学结构的姿态。

当与诸如海德格尔等近代哲学的特征及其批判相对接的时候，京都学派如果认为西田哲学已经具有了某些超越近代知性视野的内容，也并非言之无物。——但话说回来，作为事实的问题来说，他们在何种程度上，自觉地试图超越以主客观图式为象征性表达的近代哲学的视野？并且因此，说到底他们是否接受了西田、田边哲学的视角，即从主客未分的模式出发（去建构哲学）这一动机？这些疑问纠缠在一起。我们不能断言，他们总的来说并不把近代知性视野视为问题，是因为西田哲学已经完成了对其的筛选与超克。但是不管怎么说，他们相对于欧洲的"有"的哲学而对质地提出东方的"无"的哲学，并且把西田的绝对"无"的思想评价为东方"无"的立场中普遍无法消解的本土的东西，从这一点来说，毫无疑问，他们确实把西田哲学视为不仅超越了欧洲近代，也超越了古今一切既有哲学的新哲学。

从他们的视角来看，欧洲虽说有虚无主义和实存的"无"的哲学，但说到底仍然是在"有"之立场的大框架下的原理，因此应被一脚踢开。

京都学派的"近代超克论"，不同于欧洲"近代超克论"的模式，他们并没有把近代知性视野本身自为化，而是在所谓廉价的"近代"和"西方"的二重反应的背景中——先不论欧洲的"近代终结论"结果也立足于那样的图式——将上述思考混入其中。另外，欧洲的"近代超克论"逐渐具有相对于渎神的近代而朝向以神为中心的中世纪思想的复古主义色彩，京都学派当中也未必没有相应的追随者，但总的来说，这不得不被考虑为是不合时宜的。

于是作为抽象而普遍的哲学范式，根据东方的"无"或西田的"无"的原理，旨在超克西方=近代哲学就成了京都学派的基本态度。但是实际上，他们缺乏对于西方的"有"的原理的历史社会性特征的分析——虽然充其量仿照黑格尔追认哲学史的发展过程——尤其缺乏对于近代思想的历史社会基础的分析，其对应被超克之事所做的是哲学式的抽象把握，因此与在别的脉络中被设定的应被超克的历史现实之间几乎没有任何联系。通俗地讲，作为一种哲学理论，它只是一种抽象的讨论，一种具体的、积极的讨论，在很大程度上超出了对当前事件的实用推理。

但是，以上的说法不能无视如下事实，那就是京都学派的哲学，特别是在第二代那里，哲学的人学成了本土的中介环节。

西田几多郎自己在1930年以《人学》为题的论文中写道[①]："真正的'有'必须是人，在最深的意义上'有'必须是内在的

---

① 《西田几多郎全集》第十二卷。

人。可以说哲学问题自此而始，自此而终。可以说，哲学就是人学。""基于此生的事实而有哲学，通过了解此生而哲学终结。可以说，知识的问题、实在的问题是第二性的，哲学问题以此生的事实为中心而运转。"

这样，西田自己则超越了哲学的中心问题是人的问题域，而做出哲学是人学的论述。并且，在写这篇论文的时候，西田认为"我们真正能直接怀疑并思考的'有'，必须是自己。那是人类存在的根底，真正的人学之成立必须自觉地以人的存在为中心。但是笛卡尔所说的'我思故我在'中的自我不应该是具体的自我，而是非生非死的自我。反之，我们真正的自我，是在某个环境中生长，在某个环境中走向死亡的自我。当我说'我在'时，并不是离开'我思'这一过程的自己，而是依据相关过程的自己，我在历史中具有真正的自觉，真正的自我，必须是历史性的。总的来说，不是真正的自己就无法是真正的人"，同时他还说道，"如果我们单是将自己看作历史的存在的话，就必然失去作为真正的自由的人的意义。单纯的历史学的人学并不是真正的人学，真正的人学不是外在的（homo exterior）人学，而是内在的（homo interior）人学"。——后来，西田在自己做标记的地方写道："在这篇论文中，我认为历史世界是相对于内在的人的外在考察，反之，内在的人应如具体的东西那样被考察……现在，我不那样想。内在的自己，就在历史世界当中。……人是历史的人，且必须是如创造性世界的创造性要求那样。"可以说，第二代哲学的人学的展开，正是沿着西田指示的路线而前进的东西。

京都学派的"近代超克论"的基础，以及这个学派提出的近代超克理论的基础结构，是一种独特的哲学的人学，这个人学一方面的极轴是"无"的原理，另一个极轴处在与当时的世界史的哲学和协同主义的哲学相关联的位置。至少在第三方或事后视角的意义上，姑且能够承认这一点。并且在一定程度上论者当中的一些人也自觉地把握到这一点。

当说起京都学派之哲学的人学的时候，可能人们会直接想起三木清。三木正是作为哲学的人学的论客而登场的，他不仅旗帜鲜明地立足于马克思主义做出解释，在最后阶段，他还一直绞尽脑汁地构造哲学的人学。三木等人的确受到海德格尔等人的影响，因此未必与《善的研究》中的西田几多郎的态度一致，并且，也不同于之后提出"种的逻辑"的田边哲学的国家哲学和人类哲学的思考轨迹。但是回过头看，可以认为，他与西田、田边哲学之哲学的人学有着易于相处的特征。就算先把这个问题放在一边，他与和辻哲郎的"作为人学的伦理学"的关系又是怎样的？另外，从康德哲学的人学立场出发而做出解释的高坂正显，以及写出好几部《哲学的人学》这种大作的高山岩男，如果这样举例的话，就算把当时德国广义的"哲学的人学"是哲学界的潮流这一点考虑在内，也可以认为，对京都学派来说，哲学的人学是他们立论的坐标轴。

高山岩男在《哲学的人学》[①]再版序言中这样写道："我的《哲学的人学》出版于1938年，这一著述距今已有三十多年。我对于当时世界上具有统治地位的近代文明、近代化，以及近代哲学的近代——其最精练的表达是康德主义——抱有疑惑，对于康德通过全部的理性批判而彻底论述人的立场，我认为理解前理性及理性之外这两个领域的结构和本质，是现代哲学最紧要的任务"，当中可能确实有"哲学的人学"的课题意识，但这本书确实是以回应当时的时代课题的形态出现的。且不论在写作此书时，高山在何种程度上意识到"近代的超克"，但从正文的如下段落中可以看到其人学立场的特征。

人学在否定存在论和认识论的同时，其自身达成了代替存在论和认识论的机能。在人学作为哲学的基础出发的同时，必然要求人学的哲学。……这里，人学的哲学必须具有不同于存在论的哲学和认识论的哲学的根本原理。

说到底，人学的立场是超越唯心论和唯物论的对立的。在物心对立以外的境界、物心对立的关系中或物心对立的彼岸理解人类，是人学立场的基本特色。

读者可能想起我们之前述介的高坂正显关于人类异化的控诉

[①] 玉川大学出版部，1971年。

性讨论，以及三木清协同主义哲学的立场设定等。并且，明显展现出来的大框架是，对于京都学派的"近代超克论"来说，"哲学的人学"是立场设定的基础，它构成西田哲学原理与另一面的时务逻辑相关联的中介环节。

但是，当前的讨论，与其说是中介的逻辑，倒不如说是"哲学的人学"自身的视野。京都学派之"哲学的人学"因为有考察人类存在的社会性层次以及民族国家的层次的姿态，所以他们一方面会采取马克思主义社会科学的观点，同时在另一方面也草率地批判马克思主义的不完备和欠缺之处。盖在他们的眼中，马克思主义虽不留余力地分析了社会和阶级，但在国家和民族的层次有很多遗漏。

只要当时的马克思主义阵营——反之也有三木清的《人学的马克思主义形态》这样的脉络，关于不存在人学的印象的讨论，先放在一边——没有提出国际主义和国家共同体意识的定在和相在相关的具有说服力的理论体系，自称"超越"马克思主义的"民族论""国家论"的出现，以及定位于此的"新"社会·国家哲学和"新"历史哲学的登场，就有其理所当然的趋势。京都学派的世界史哲学和协同主义哲学正是那种"新哲学"的具体表现。

这里，暂且将从真正的马克思主义的观点出发，去批判这一批立论的短见和浅薄之处的工作放在一边。但是，话说回来，"哲学的人学"——对于京都学派来说，它包含一定的社会哲学、民族和国家理论及历史哲学——是否真的超越了近代知性的视野？关于这一点，我们必须进行省察。

京都学派之"哲学的人学"受到西方"生命哲学"和实存主义哲学的影响，它不同于简单地将人类理解为理性存在者的片面的启蒙主义的人类观。可能它确实有将人类存在的"生命的现实"，亦即感情的一面也包含在内而进行总体把握的努力，并且大概在提出社会有机体说的构想和亲近性的同时，可能也把握了人类存在的本源性的共同存在性。但是，相对于古典式近代哲学的启蒙主义、理性主义和个体主义所立足的古典人类主义，那不过是一种浪漫的回退，在此意义上，它难道不就是反向提出了一种新版人类主义？并且这个知性-情感的结构及有机体主义的构想，难道不是也因为与日本浪漫派的"文人式""近代超克论"的情感相通，所以才能够形成"近代超克论"统一战线的吗？

这里，对于这一连串的问题，我们不能仅仅自问自答地回答"确实如此"，说到底，"哲学的人学"必然也是在人类主义的框架中，亦即与俗话讲的"人类中心主义的时代"的近代视野相对应的典型的近代哲学、典型的近代意识形态的形态之一。

的确，论者们通过定位于"哲学的人学"，企图弥补马克思主义的"欠缺"，其若干的论点，可能成了战后马克思主义的某些风潮之先驱，并且也必须体谅他们在自负"新奇"的背景下，保留过去的马克思主义研究的成果。但是，且不说马克思主义已经存在超克人学主义的视野这一事实（关于这一点，请参考我的著作《马克思主义的地平》[①]，载《广松涉著作集》第十卷），正如刚才所指出的那样，论者们的哲学的人学主义，是包含"近代知性视野"的替代品，说到底不可能成为"近代的超克"之哲学基础。

我们不吝啬承认，京都学派之"哲学的人学"较之于当时欧洲的那种东西，在某种意义上具有更高的水平。论者们的"近代超克论"在某些方面比欧洲更具有现实性。不能否认，它比战后流俗的"近代化论"的无可救药的现代主义思想更加真挚。进入目前的阶段，我们必须做出结论了。

从今天哲学的回顾来看，关于我国在那个时代的"近代超克论"的成就，无论是谁都很难承认它体系性地超越了近代知性视野。但是，无论是对于东方的"无"的重新解释的再设定，还是应该超越西方-东方这种二元结构的世界史的统一理念，或超越西方中心的一元、单线性史观，而依据多个基准的动态重新把握世界史的构想，抑或具体地说企图超越以个人主义-全体主义、唯心论-唯物论、摹写说-构成说等的二元主义为表现的近代思想基准的志向，这些以往的"近代超克论"，其自为化的问题和动机在今天依然具有活力。

[①] 中文版参见广松涉：《马克思主义的哲学》，邓习议译，南京大学出版社2019年版。——译者注

我们计划通过本书关注这些问题。我们必须将遗留下来的问题自为化：如何在不重蹈覆辙的同时，应对当下的问题。不仅如此，它也被要求从理论上和实践上加以解决。

但是，这已经不是思想史探讨的条件，而是未来的任务。在本书中，我是想一方面避免与以往"近代超克论"流于表面的吻合，另一方面打磨出发掘因战后现代主义的雪崩而被掩埋的遗留结构的工具。

解说——关于"近代的超克"

柄谷行人

这本书是我所知道的广松涉关于日本哲学及其批评所写的唯一一本书。说起广松,人们是通过其代表作《存在与意义》[①]等原理层面的书籍,以及与马克思或马克思主义相关的书而知晓的。这些作品基本不具有日本式的脉络,看上去广松似乎对日本的历史或状况并不关心。但是,读过本书的读者应该会惊讶于广松竟然如此通晓这些。

他在这里展现出了历史学家的眼光,对各种各样的文献和细微的人际关系有着详尽的考察。然而,这与如本书所引用的平野谦那种具有考察人文领域史心态的批评家并不相同。对于平野谦来说,历史是原理之外的事实层面的东西;但对于广松涉而言,并不存在超越历史的一般性原理。之前所说的他的原理性工作,

---

[①] 广松涉:《存在与意义》(两卷),彭曦、何鉴译,南京大学出版社 2009 年版。——译者注

在某种意义上也是历史的工作。因此，本书虽说如它的文字所呈现的那样，是历史性的书，但并不是说，写原理性的东西是在别的地方进行的工作，本书自身也是原理性的工作。

比如说，近代哲学就存在于近代历史之中。如果认为它具有超越历史的正当性，那才正是被封闭在了近代哲学里。那样的话，原理的批判性考察本身就无法成为历史性的考察。这是黑格尔已经认识到的东西。但是，它也直接成了一个原理。而对其本身进行批判，即把握世界的任何原理和理论，都不能够超越其所属的、处于各种关系之中的历史的世界，这正是马克思的"原理"。但是这个原理本身要求不断地自我批评。而世间的马克思主义者们却忘记了，这个原理对于他们自身也是适用的。广松一直所说的，马克思带来了真正超越了近代思维边界的视野，他指的绝不是任何简单直接的原理。

近代是什么？超越近代又是什么？这个问题贯穿于广松原理性的书籍之中。但是我们还需要问另一个问题，那就是近代日本，或者说日本的近代是什么？欠缺这个问题，任何的原理性考察都会是抽象的。反之，它则会成为属于日本式的东西。广松考察战前的"近代的超克"的原因之一，正是基于此。

"近代的超克"是在日美战争爆发后的1942年，因召开了作为《文学界》杂志特辑的学术座谈会，而成为风靡一时的主题。但仅仅举出这个座谈会仍是流于表面的，并且也不能将其限定于1942年这个特定的时期。这个座谈会由《文学界》团体、日本浪漫派以及京都学派三派构成，但是后两派的中心人物保田与重郎和西田几多郎都没有出席，而《文学界》成员小林秀雄几乎没有表达任何东西。而且关于应被称为"近代的超克"的核心思考，这三个人在1935年前后都已经拿出了总结性的东西，如果不考察这些，而仅仅讨论这个座谈会，必然是没有任何结果的。即便"近代的超克"是明治以来日本的代表性知性所达到的一个顶点，它也不能仅仅被认定为战争的意识形态。实际上正如广松再三强调的那样，他们在战争时期倒不如说是被体制视为很危险的思想家。

广松在本书中重点关注的是西田及其京都学派。实际上，广松认为，为了考察"近代的超克"的问题，必须把与《文学界》座谈会平行的京都学派的名为"世界史的立场与日本"（《中央公论》）的座谈会合并讨论。但这也未必是因为这些哲学家的意见更加具有本质性。正如后文所说的，竹内好的《近代的超克》专注于保田与重郎和日本浪漫派的可能性，并且关于小林秀雄也做了很多评论，与此相对，他几乎无视了京都学派。但是，因此应该被指责的，不是仅讨论小林秀雄和保田与重郎的文艺评论家们，而是无视过去的日本哲学的哲学家们。至少文艺批评是对于过去的批评不断在进行检讨，在切割的同时也保持着连续性，而日本哲学这边则几乎没有这种情况。对于京都学派的批判固然重要，但更重要的是，相较于京都学派，像广松涉这样的哲学家应该更加意识到近代日本的哲学的谱系，并在自身的工作中予以批判地继承。广松是具有原创性（original）的思想家，更应该立足于根源性（origin）。在此意义上，本书对于理解广松哲学是不可或缺的。

在这里，我想通过回顾战后"近代的超克"问题是如何被论及的，来思考本书所具有的意义。"近代的超克"被认真讨论是在1950年代后半期，第二次世界大战之后它被作为战争的意识形态而被简单地否定。其成为问题是在1955年之后，也就是日本从占领之下独立，朝鲜战争结束，战争的因素却使日本经济快速发展（的时期）。从某种意义上说，这一时期之后才是真正的"战后"。因此到这个时间点为止，是第二次世界大战的战后处理时期。在这一时期，美苏二元对立的形式，即冷战的世界格局得以确立。与此相对应的是，日本形成了所谓的"五五年体制"（通过保守联合而统一自由民主党和左右社会党）。并且在这个战后体制当中，战前的（左右的）势力以改变形式的方式而再生。岸信介成为首相就是一个非常显著的例子。而在思想文学领域，战前的东西也以改变形式的方式复活。经历战后十年，人们可以看到战后与战前联系成了一体。

对此有两种反应。比如江藤淳，对于这种战前传统的回归，他以诸如"要排除奴隶思想""生活在废墟之中"等方式加以激烈地否定。另一方面，如竹内好、桥川文三等的情况则稍有不同，他们认为对于大战之后被简单地否定的"近代的超克"的问题，特别是日本浪漫派所提出的问题，应该批判地继承。竹内好批判战后的日本舍弃了亚洲，而推测其中有日本浪漫派的因素。竹内好在这个时间点所写的论文《近代的超克》，现在依然是具有代表性的文献。顺带一提，在那以后，江藤淳也通过重新评论小林秀雄，转而肯定战前日本。也就是说，"近代的超克"的各种要素，以各种各样的方式复活了。

在1960年代，伴随经济的高度发展，近代化的目标开始变得空虚。反之，1960年代末的新左翼对近代的批判，使得"近代的超克"成为课题。例如，对毛泽东与文化革命，无论是在西方还是在日本都有很高的评价，便是出于这样的观点。过去的马克思主义被认为是近代主义及西方中心主义的一种形态而遭到批判，这在日本的脉络中，是作为战前"近代的超克"当中的问题而复苏的。在保田与重郎那里，文明开化的原理应当被否定，而马克思主义作为其最后的原理也被否定了。但当时的新左翼并未认识到这一点，反而是残留下来的日本浪漫派意识到了。保田与重郎从中国的红卫兵那里看到了"大西乡的维新精神"的继承，而三岛由纪夫也在"全共斗"的学生那里看到了浪漫派的心境。

另外，在这个时期，占据主导地位的是近代化带来的各种马克思主义无法应对的人的异化，于是有了回归早期马克思的构想。然而，这种异化论的人学认识，战前的京都学派就已经有了。也就是说，他们通过人学的认识，吸收了马克思，并批判当时的俄国版马克思主义。广松涉认为其源头是西田几多郎。因此，从马克思、恩格斯那里发现对近代及近代哲学的根本批判的广松，对1960年代新左翼的激进主义想必是极为不满，但同时认为不能置之不理。

广松于1974—1975年间在杂志上连载本书。可以说，大概广松在写这本书时，不只是为了指出1960年代末的近代批判运动的界限，毕竟他最终并未超出战前的"近代超克论"所涉及的范畴，所以必须回溯到后者进行检验。但是，就作为图书出版的1980年代的时间点或此后而言，情况就有所不同了。毋宁说，本书恰是在那之后才开始具有意义。

这一时期，所谓的后现代，即最初从建筑样式兴起，而后在各个领域被谈及的概念。所谓近代，具有为达成某种目标而向前推进的时间性，它有着自身的理念和目的。而后现代终结了这种宏大叙事。宏大叙事的代表便是生产中心主义式的思考方式。并且后现代主义，被视为对本质与现象的形而上学二元对立的解构。但在其开始流行的1980年代，它已丧失了破坏性的意义。

广松说："我们能够看到过去的'近代超克论'，虽然主观上意在超越、超克资本主义，但是本质上其指向的实践最多不过是从金融资本主义的旧形态向国家垄断资本主义体制的重新构建，并未脱离与之相匹配的意识形态范畴。"这一点对于后现代主义同样适用。它不过是资本主义发展到所谓的后工业资本主义阶段的意识形态表现罢了。应当注意的是，在日本，此类后现代的讨论，伴随着日本的消费社会=信息社会到达世界前沿，进而带来西方=近代的超克意识。它以重新评价"日本论"或东方哲学的形式出现。也就是说，伴随着它产生了一种以自足和自我封闭的意识来主张"近代的超克"的方式。

另一方面，从国际局势来看，战后美苏的二元统治，即所谓的二元对立终结，在各个方面都有所体现。日本作为在经济上受美国胁迫的存在而复苏。也就是说，由于德国和日本这类战败国的复兴，在世界政治结构上，与战前存在一定相似之处。后现代也具有政治方面的含义。当然，当下没有经济困境和战争的威胁。不仅如此，美苏紧张局势缓和，两者之前支持的对抗性地区的独裁政权开始瓦解，民主化进程推进。黑格尔曾说，通过拿破仑，历史终结了；但是，通过资产阶级民主革命的实现，在此之上的历史性课题与热情已不复存在。而想要超越它的社会主义，如果在今天为达成资产阶级革命而燃烧着热情的话，或许确实不得不说历史终结了。然而，历史，或者说近代，真的终结了吗？

战前的"近代的超克"的理论家们，在某种意义上也说着类似的话。京都学派思考着当时马克思主义"终结"之后的世界史哲学。并且他们试图给国家与世界的中间项——集团的区域赋予哲学的意义（种的逻辑）。如今，以欧洲的整合为开端，世界的集团化正在推进。日本实际上掌控着东亚圈的经济，而亚洲再次进入我们的视野。显然，接下来就是要为其赋予意识形态的意义。实际上现在已经有这样的倾向了。但本质上，这并未超越西田几多郎的"无"的理论和三木清协同主义哲学之类的东西。

　　因此,"近代的超克"这一主题对我们来说具有重要的双重意义。其一,我们仍处于应被超克的近代之中;其二,我们本质上并未超越战前"近代的超克"的问题。我希望读者将这本书视为因这双重意义而不可或缺的读物来阅读。

译后记

"近代的超克"是日本战前到战后具有连续性思想脉络的主题,其影响甚至蔓延至1990年代泡沫经济时期。代表性的首个专题著述,是竹内好1959年的长文《近代的超克》,其影响极其深远,此后关于"近代的超克"的评述也大都以竹内好的论述为基准。而广松涉这本于1980年首次出版,1989年再版的《"近代的超克"论》也包含批判和回应竹内好的目的。其中主要是两个方面,一是作为文学研究出身的竹内好,在论及"近代的超克"思潮中京都学派的部分时显得过于单薄。且竹内好的讨论仅仅停留在两次"近代的超克"的座谈会(《文学界》座谈会和《中央公论》座谈会),并没有深入当时日本思想界,以及思想家与政治界相关联的整体视野。二是关于竹内好对于京都学派的立论的意识形态性做出的判断。竹内好认为京都学派的理论没有充分解剖日本战争的二重性(即主张帮助中国乃至东方抵御西方帝国主义的入侵的同时,自身又做出相同的帝国主义行径),甚至没能成为日本帝国主义的意识形态。而广松认为，京都学派的哲学家们其实非常清楚地意识到这种矛盾性，同时将这种矛盾性作为思想的内在化目的，而企图以理论的形式去掩盖它（参考本书第九章、第十章）。我个人认为，广松在第二个方面所做的论述，对于意识形态的分析具有启发性意义，也是这本书重要的理论贡献之一。

但是在展开这个问题之前，我们首先需要对"近代"做一些补充性说明，因为日本以及日语中的"近代"，与中文语境的"近代"并不相同。通常在我国的近代，在时间性上被规定为鸦片战争之后，始自闭关锁国的清朝被卷入世界资本主义殖民扩张的旋涡之中。如果从作为一种思想范式的"近代"来说，如在第一章中所介绍的那样，在"近代的超克"的座谈会中，近代的实际内涵被理解为经济上的资本主义、政治上的民主主义和思想上的自由主义。虽然在座谈会当中，这种"近代"的确立是从19世纪以来还是从文艺复兴以来尚有争议，但从今天学术界的共识来看，"近代的超克"中的"近代"，其内涵基本相当于法国大革命以来被确立的"现代性"（modern）的范式，且其与日本20世纪八九十年代的后现代（post-modern）的思想承接性（当时日本后现代思潮被描述为一种"超近代"）也可以佐证这一点。因此，本书的标题，也可以翻译为《现代性的克服》或《现代性的超越》。

关于意识形态的分析，当然最早奠基于马克思的《德意志意识形态》，其中马克思对于意识形态的分析，可以总结为以下几个方面：（1）意识形态是关于意识的观念或理念；（2）这些观念会对受意识形态控制的主体的行为产生影响；（3）这些观念是"观念性的"，也可以说，这些意识的理念是具有欺骗性的，是统治阶级为保证有利于自身的、当下的政治经济模式编造出来的；（4）因此意识形态是无历史的，也因此可以说，其自身是空洞的。无论是竹内好还是广松涉，其实对于"近代的超克"之意识形态性的分析，基本没有离开马克思意识形态批判的框架。他们都强调，意识形态是具有欺骗性与矛盾性的。二者分歧的焦点在于，竹内好认为京都学派所构筑的哲学体系仅仅是当时大众思想的总结（第九章），且其思想体系并没有对日本的战争二重性做充分的分析，其自身也没有推动时局的力量，因此自然无法被称为一种意识形态。而广松涉则认为，思想本来就无法推动现实本身，但"近代的超克"让当时的思想界癫狂于，或者至少静默于日本的对外战争，这已然可以看作其意识形态对于主体的能动性影响；另一方面，它对于日本对外战争的矛盾性的内置化和自觉地动机化，正是京都学派思想本身作为意识形态的欺骗性。

在意识形态分析的后学之中，阿尔都塞的意识形态分析也经常被提及。在《保卫马克思》当中，阿尔都塞强调意识形态的实践性。他认为意识形态本身并非是一种行为的原因，而是一种结果。也就是说，意识形态本身具有滞后性，而在滞后的同时，又会被追认为原因。因此阿尔都塞认为，马克思的意识形态分析并没有揭示出这种滞后性，反而被意识形态的仿佛作为原因的欺骗性所蒙蔽，因此他认为马克思的意识形态分析只是意识形态的意识形态。如果我们从京都学派理论的意识形态性来看，就可以看到这种滞后性。广松涉将其称为意识形态式的追认，也就是，京都学派在《中央公论》座谈会上为日俄战争赋予意义时，并非是在战争之前。但也因此，竹内好并不认同它能成为意识形态的说法。不过正如广松涉所指出的那样，任何观念，其本身都无法推动现实，但它并不因此就不具有意识形态性。京都学派以一种黑格尔"理性的狡计"的形式，为日俄战争赋予了世界历史的意义，这正是一种意识形态的追认。阿尔都塞将其称为意识形态的讯唤（interpellate），也就是主体将自身带入一种身份认同之中时，主体所在的意识形态机器就会自动运作。正如日本战前与战中的"近代的超克"一样，当日本的知识分子乃至一般国民将"东方对抗西方"的模式理解为历史发展的模式，并将自身所处的日本认定为历史任务的承担者时，这种意识形态就已经开始运作了。因此从这个角度说，京都学派的哲学家们在对战争进行合理化追认之前，已经被意识形态所支配了，也因此即使如竹内好所说，他们只是对公众的思想进行了总结，他们思想的意识形态性也不会发生改变。

而当代的马克思主义思想家齐泽克则反对这种讯唤。因为讯唤本身似乎可以产生一个绝对无认同的空间，假设我们处在这个空间之中，是否就不再受意识形态的讯唤了呢？当然不是，齐泽克反而认为，这正好是意识形态运作的地方。齐泽克在《意识形态的崇高客体》中提出，意识形态并非因为人们相信，所以起作用，而是因为人们相信他者在相信，因此意识形态才能运作。概言之，齐泽克认为意识形态的运作方式立足于一种想象性的他者的认同之上，这显然受到拉康思想的影响。不过我们可以借此来进一步分析日本"近代的超克"的情形。实际上正如广松涉所指出的那样，那个传说中有名的《文学界》杂志座谈会，被视为"近代的超克"思潮之开端的座谈会本身，毋宁说在实际的讨论中根本没有形成统一的意识形态战线，甚至关于"近代"本身的界定，"近代"应被超克之处的分析，都处在混乱之中。特别是被视为"近代的超克"的三大流派的京都学派、日本浪漫派和《文学界》团体当中，京都学派的代表西田几多郎和日本浪漫派的代表保田与重郎甚至都没有出席，且日本浪漫派根本没有形成所谓思想性的东西（第八章）。但"近代的超克"却如魔咒一样，对战前和战时的日本知识分子乃至一般民众产生了巨大影响，他们虽口诵"近代的超克"，但关于实质内容并未做出深入判断，甚至是集体性的判断终止，但都深信在他者（特别是京都学派的思想家们）那里有着严格而充足的理论判断。另一方面，如果我们跳出"近代的超克"的范围，而去考察那个时代更具有普遍意义的日本法西斯主义意识形态，情况依然如此。让广松涉感到非常痛心的是，在那个时代，就连号称"左翼"的思想家也没有识破这种意识形态，"转向左翼"以及三木清都是从马克思主义过渡到为战争意识形态合理化的。广松涉指出，日本的法西斯主义正是以否定法西斯主义的方式被确立下来的。甚至是如田边元这样为所谓"大东亚共荣圈"构建合理化理论（种的逻辑）的哲学家都批判着德国纳粹主义。这种批判本身让他们与法西斯主义意识形态形成了一种距离，也正是这种距离，才让意识形态具有运作的空间。

上文说到，齐泽克的意识形态分析显然受到拉康思想的影响。拉康认为所谓的话语必然指向他者，也因此处在话语中的人也受到话语本身所指向的他者的支配。而意识形态的运作，自然不可能离开话语，为了进一步分析日本"近代的超克"的意识形态性，我们可以借用拉康从主人话语到大学话语的分析。

$$\frac{agent（代理）}{truth（真理）}=\frac{other（他者）}{production（生产）}$$

拉康的分析从话语所处的不同位置开始。当 $S1$（即主人能指）处在代理的位置时，便是一种主人话语。此时，主人便拥有对于被划杠主体 $S/$（处在真理位置）的支配，同时通过处在他者位置的知识 $S2$ 来建构主体服从于主人的意识形态。但是这种建构永远有剩余，也就是对象 a。拉康在主人话语的分析中想强调的是，任何意识形态的建构本身都是不可能自洽的，它永远存在内部无法圆通的剩余。

$$\frac{S1}{S/}=\frac{S2}{a}$$

而大学话语则是象征真理符号的 $S2$ 占据了代理的位置。这与第二章高坂正显所批判的科学话语具有相通之处，也就是科学本身看似以一种客观权威的话语而存在，但其实内在蕴含着对于主体的异化和支配。

显然，如果说"近代"本身是一种大学话语的话，那么想要"超克"它，自然应该取消知识系统本身的异化，这种知识系统包含被人创造的广义的机械，以及看似建立于理性之上的近代社会结构。从这个角度分析，日本"近代的超克"，几乎全是一种倒退式的方式，即退回主人话语。在"近代的超克"流派中，无论是京都学派，日本浪漫派还是《文学界》团体，他们无一例外地全都认为应该保留天皇这一民族的象征，并且通过不同的手段为其赋予意义。甚至连马克思主义阵营（转向左翼）也未能幸免。在佐野、锅山的"转向声明"中，他们认为天皇是"日本无产阶级大众的精神象征"，"打到它就是站在了劳动人民的对立面"，这不得不让我们深思。实际上，也有学者指出，日本战败后，正是因为美国保留了天皇，致使日本右翼有了喘息之机。天皇不同于我国古代封建制度中的皇帝。因为天皇自诞生伊始，权力就在不断的削减，而天皇的权力在日本不同的历史时期，又被不同的阶级架空。但天皇却依然作为象征及不同政权争夺时所使用的借口，而一直被保留下来。在这个意义上，较之于皇帝，天皇更接近欧洲中世纪的神的概念，但天皇本身又与神不同，它必然"道成肉身"地存在于此岸世界，而与现实发生着关联。因此，天皇的确是无论古今东西，都是非常特殊的一个存在。如果天皇一直占据代理的位置，那么无论是在儒家思想、西方近代思想或马克思主义思想那里，他者都是作为天皇制的话语建构意识形态而存在。而这种建构也必然不自洽，正如竹内好指出的那样，京都学派企图以黑格尔历史哲学的方式为天皇制与对外战争构建合理化意识形态，却无法解释日本自身侵略行为的矛盾性。

行文至此，关于"近代的超克"的意识形态思考姑且到此。译者通过此书所思考的另一个问题是，处在时代中的个人应当何为？当处于相同的历史情形中，我们是否能够具有清晰的认知，或者说，如果我们认识到自己所处的时代是一种法西斯主义的变体，并且我们自身亦参与其中时，我们又能做些什么呢？如宫崎骏在《起风了》当中所展现的那样，主人公即使认识到自己所创造的飞机将被用于战争而成为杀戮机器，也无能为力。国内学界对于我国所经历的被侵略的历史，很少有从主体间性的角度，或者说从日本（侵略者）的角度对现代文明的内在矛盾性进行分析。汉娜·阿伦特指出，现代战争中匪夷所思的杀戮，恰是高度文明化、程序化的产物，而身处链条的每一人，都无法认知自身的"平庸之恶"，因此译者认为推动日本法西斯主义的，绝不是观念性的"近代的超克"，它最多是一种追认与解释，其内在动力应该从更深层的历史与经济模式变化的相关之处寻找。而处在庞大现代文明机器下的单个主体，似乎又无能为力。因此译者认为，本书所涉及的"近代的超克"的问题，绝不仅仅是日本

译后记

的问题，而是处在现代性之中的所有国家共同面对的问题。这或许也是本书的翻译价值之一。本书的译成要感谢邓习议老师的悉心指导，以及广松涉的学生胜守真老师、直江清隆老师。译者本身并非研究广松哲学出身，对于广松的问题意识也并不熟悉，没有三位老师的指导断不可能完成翻译工作。在此表示由衷的感谢。

臧泳帧

2022年12月11日于仙台